ストーリーで分かる

オークションで不動産を高く売る方法

露木裕良
TSUYUKI HIROYOSHI

幻冬舎MC

はじめに

もっている物件を高く売りたい――不動産を所有している人であれば誰でも思うことです。しかし、実際に不動産売却を経験した人からは、思うように高く売ることができなかった、といったような声をよく聞きます。

「時間に余裕をもって、念入りにスケジュールを組むべきだった」
「査定価格の高さだけで委託する業者を選ぶべきではなかった」
「仲介業者に任せきりにせず、自分でも積極的に情報収集するべきだった」

このような後悔をしている人は少なくありません。

不動産を売却するにあたって多くの人は、不動産について自分で勉強したり、不動産仲介業者の比較を十分に行ったりすることがありません。逆によくあるのは、査定価格の高さなど表面的な理由で業者を選び、売却までの手続きを丸投げしているケースです。そして結局、「思っていた価格で売れなかった」となるのです。

豊富な不動産知識と取引経験をベースに、売主の心強い味方となって売却のサポートを行うのが不動産仲介業者の役割ですが、実態としては正真正銘の「売主の味方」にはなっていないことが多々あります。

典型的な例として、「高値で売れますよ」という不動産仲介業者の助言に従うまま、強気な価格で販売をスタートさせたものの、思うように買手がつかず、今度は「思い切って値下げしましょう」と、当初の予定よりも大幅なディスカウントを提案されることがあります。これに対して売主は、「いや、高値で売れるって言ったじゃないですか」と強気な姿勢になれればいいのですが、多くの人は、「不動産仲介業者も下げたくて下げているわけではないだろう。これまでいろいろやってもらったしなあ」と、首を縦に振ってしまうのです。

売却価格が目減りするわけですから、一見すると不動産仲介業者の利益も減るように思えますが、実はその裏で荒稼ぎしていることがあります。

なぜなら、売却価格が安くなれば、お抱えの買手候補に営業しやすくなるからです。

「例の物件、売主を説得して、値下げすることができました！」

「よし、その価格なら買うよ！」
こうして顧客に買わせることができれば、不動産仲介業者は売主と買主、両方の仲介を担うことができ、手数料を双方から取ることができます。つまり、二度おいしい思いをするために、あえて高値の販売価格を提案して売主を誘惑し契約を結んだ、という意図が見えてきます。そして大幅な値下げを売主に承諾させた直後、お抱えの買手候補に売り込んで取引を成立させる、という極めて利己的なプランを立てていたということです。強気な価格ではなく、相場に近い価格でスタートして真っ当な経緯で買手を見つけられていれば、「高値で売れると期待していたのに、想定以下の売却価格になってしまった」という深い後悔を売主が喫することはなかったでしょう。

このような、不動産仲介業者による売主の利益をないがしろにした手口は、枚挙にいとまがありません。不動産を売却する側にとって重要なのは、悪質極まりない不動産仲介業者を避けて、満足のいく不動産売却を達成するには、どのように行動選択し対策を講じるべきかをとことん考え抜くことです。

私は不動産売却のスタートラインを「不動産仲介業者に相談する」に設定するのではな

く、もっと広い視点で眺めてみることを、提唱したいと思っています。

本書では、不動産仲介業者間にはびこる悪しき慣習、悪質な手口を明らかにするとともに、売主が不利益を被らないための対策についても言及し、さらにこれからの時代に合った最良の不動産売却方法を探っていきます。

不動産を売る前提ではなく、貸すことや手直しすることも選択肢の一つとし、最善のプランを提案してくれるところがあるのではないか。

不動産仲介業の専門家よりも、お金の専門家に相談したほうが、売却前後の処理や税金面などで得をするのではないか。

インターネット全盛の現在、個人でもオンラインで不動産を売却できるプラットフォームが整備されているのではないか。

街角でチラシを配るよりも、もっと効率良く不動産を欲しいと思ってくれる人へアピールする方法があるのではないか。

このような切実な疑問や新しいアイデアにも答えていきます。

不動産初心者の方でも内容が理解しやすいよう、構成は「ストーリーパート」と「解説パート」に分割しています。登場人物たちのやり取りを中心としたストーリーパートで不動産売却の流れを理解しつつ、実例やデータなどを取り入れた解説パートにて知識と対策方法を身につけてください。

この本によって、あなたの売りたい不動産が希望以上の価格で売却できることを願っています。

ストーリーで分かる　オークションで不動産を高く売る方法　目次

［第3章］　不動産の「価値」を高めてから売る新発想

［第1章］

不動産仲介業者の悪習

相続した実家に出た「家の精」

■兄の訪問

私の名前は「ミツウラアサミ」。大学を卒業後、一人暮らしで会社勤めをしていた私でしたが、母が病気に罹ったことを機に実家へと戻りました。それからしばらくして母が亡くなり、半年も経たないうちに父も後を追うようにして他界。実家にて、再び一人暮らしが始まりました。

そしてまだ父の四十九日も終わっていないある日、兄の訪問から思いがけない物語が始まったのです。

アサミ　急にどうしたの。

兄　うん、ちょっと母さんと父さんに挨拶しようと思ってな。

「これは何か、ほかにも用事があって来たんだな」と思いながら、仏間へ入って行く兄を見送り、私はリビングから外の庭を眺めていました。しばらくして兄がリビングに姿を現し、テーブルの向かいに座りました。

兄　今日は、この実家のことで相談があってな。

アサミ　父さんや母さんの遺品なら、休みを使って少しずつ整理してるけど。
(もしかして片付けを手伝ってくれるのかな)

兄　うん。実はな、実家を売ろうと思っているんだ。

アサミ　え!?

兄　母さんと父さんが続けて亡くなって、実家は今、俺とアサミが相続した共有状態だろ。

アサミ　そうだけど。

兄　アサミが一人で住んでいるけど、正直一人暮らしには広過ぎるだろうし、今後もすぐに家族が増える予定もないだろう。

アサミ　まあそうね。
(大きなお世話だけど……事実だわ)

兄　俺は俺で仕事もあってここに住む予定はないし。うちらで引き続きもっておく必要はないと思うんだよ。

アサミ　でも、実家だよ？　父さんと母さんが結婚して住んで、私たちが育った家を売るなんて……ちょっと信じられない。

兄　この辺もだいぶマンションが増えてきたし、広い庭付きの一軒家のままにしておくのももったいないと思うんだよな。

アサミ　確かに、私一人だと持て余している感じはするけど。

兄　俺とアサミの共有状態のままにしておくのも、あとあと問題となるかもしれないし。

アサミ　問題？

兄　例えば、俺が死んだあとは妻と子どもが相続することになるだろうし、アサミが結婚したら当然アサミの旦那や子どもにも所有権が受け継がれていくことになる。さらに代を経ていくと、最初は俺とアサミの二人だけだった共有状態が、10人とか20人に増えていくことだって考えられるんだ。

アサミ　ちょっと大げさな気もするけど、確かにそうかもしれないね。

兄　今なら二人の意見だけでなんとかなっても、何十年後かにこの土地を手放すときがきたら、みんなの意見をまとめるのも一苦労だぞ。

アサミ　うーん、理屈は分かるけど……気持ちが追いつかないな。

兄　とにかく、いずれ誰かに手渡すのであれば早く売ってしまって、アサミとの共有状態を解消してしまったほうがいいと思っているんだ。あとでゴタゴタしないためにな。

アサミ　いやいや、すでにゴタゴタ感ありますけど……兄さんが勝手過ぎて。私まだここに住んでるんだよ？

兄　引越し先を探しながら、買い取ってくれそうな不動産屋も見当をつけてみてくれよ。

アサミ　え！　私を追い出すだけでなく、不動産屋さん探しも私がやれってこと!?

兄　俺は仕事が繁忙期で手一杯だからな。妻は子育て中だし、独り者で余裕があるのはアサミだけだ。

アサミ　信じられない……私だって自分の生活があるのよ！　仕事があるのよ！

兄　俺もできる限りの協力はするから、頼む！

■営業の嵐

話し合いはこじれたものの、うまく言いくるめられてしまった私。実家を売却する役目を無理やり押し付けて、兄は帰ってしまったのでした。

アサミ　はあ、家の片付けしようと思ってたけど、なんだかどうでもよくなってきたわ。

適当にスマホで時間をつぶしていたところ、ふと「不動産　売却　査定　比較」でインターネット検索を始めていました。

アサミ　（うちって、どのくらいの不動産価値があるのかしら。売る気はまだ起きないけど、ちょっと調べてみるか……へー、不動産売却のサイトもいろいろあるんだなあ。お、「一括査定で大手不動産会社の買取価格が60秒で分かります」だって。これなら便利そう。ちょっと登録してみようかな。土地の広さとか書いてある資料はどこにあったっけ……）

それから1週間後。

アサミ　え、何これ!?　郵便受けにダイレクトメールがいっぱい……。しかも「不動産高く買います」とか「相続した不動産の処理に困っていませんか」とか、どれもこれも不動産買い取ります系じゃん！
(そういえば最近、メールもやたらと「不動産買いますよ」って件名のやつばかり届いていたなあ)

プルルルプルルル。

アサミ　あら電話。はい、もしもし?

営業員　電話営業が命の電命不動産です！　お客さま、売却をご検討中の不動産をおもちではございませんか！

アサミ　えっ、なんで知っているんですか?

営業員　やっぱりですか。いやーそんな気がしてお電話したんですよ。現在当社は買い取り強化期間でして、お売りになりたい不動産について、できるだけ高く、そして迅速に、買い取らせていただきます！

アサミ　は、はあ。
(うわーこういうガツガツ営業されるの苦手……)

営業員　さらに今なら買取価格アップキャンペーン中でして、このお電話でご契約を決めていただけますと、査定価格からさらに10％アップにて買い取りをいたします！　さらにさらにですね……。

アサミ　(一方的でイヤーッ！)

？？？　ちょっと貸してみ。

アサミ　へ？

？？？　おい、あんたさっきからいろいろ営業かけてくるけどな。買い取り強化期間なんて、どーせ年がら年中やってるんだろ。あと、買取価格アップキャンペーンだっけ？　この電話で契約なら査定価格からさらに10％アップって、もともと査定額をちょっと低めにして、結局普通以下の価格で買い上げるつもりなんじゃないの？　さっさと契約を結ばせるための策略なのバレバレだわ。よくそんな詐欺まがいの営業で仕事やってられるな。ちょっと社長と代われや……あれ、チッ切られたか。

アサミ　え、ちょっと、誰？

私しかいなかったはずの部屋に、小さな体の……おじさんがいたのです。

アサミ　あの、すいません、あなたは……幽霊？

？？？　幽霊？　幽霊に見える!?　俺、足付いてるよ。

アサミ　ですよね。私霊感なんてこれっぽっちもないし。じゃあ、誰なんですか？

？？？　俺は……俺はあれだ、霊は霊でも家の精霊みたいなやつだ。

アサミ　家の精霊……。

（精霊っぽさ皆無なんですけど）

家の精　小さくてかわいいだろ？

アサミ　小さいけど……かわいいかと言われるとちょっと。

家の精　たちの悪い不動産屋のしつこい営業から助けてやったっていうのに……。

アサミ　それは、あの、助かりました、はい。ああいうしつこい営業って苦手で。

家の精　おたくも大変だな。兄貴から突然、家の売却を押し付けられてさ。

アサミ　知ってるの？

家の精　そりゃなんだって知ってるよ、この家のことならな。

アサミ　そっか。一応、うちの精霊なんだもんね。

家の精　一応は余計だ。普段は見えてないけど、いつもこの家でゴロゴロしていたんだよ。そこのソファとか、書斎の、おたくの父さんの椅子でくつろいだりとか。

アサミ　じゃあ私の部屋にも？

家の精　そりゃまあちょくちょく遊びに行って、隣で映画とか漫画とか一緒に見てたよ。

アサミ　げ。キモぃ！

家の精　そんなに露骨に嫌な顔するなよ！　俺は精霊なんだからいいだろ、細かいところは気にするなよ。

アサミ　（こんな小さなおっさん……精霊がいつもそばにいたなんて）

家の精　すごく冷ややかな視線を感じるが話を進めるぞ。おたくらが家を売るのは別にいいんだけどな。次に誰の手に渡るかってのは、俺としては死活問題なわけよ。分かる？

アサミ　そういうもの？

家の精　周辺の土地に吸収されようものなら、俺のいる意味がなくなっちゃうしね。

アサミ　そっか、精霊も大変なのね。

家の精　そういうこと。てなわけで、お互い利害が一致したところで提案。俺が不動産売却を手伝ってあげるよ。

アサミ　え、別にいいです。

家の精　……俺の風貌がそんなに気に食わないか？

アサミ　いや、それだけじゃなくて。私、実家を売る気なんてありませんから。

家の精　それだけじゃなくて、て。いちいち言い方が引っかかるが面倒だから話を先に進めるぞ。アサミが実家を売りたくなくても、この間の兄貴の勢いを見た感じ、売らないわけにはいかなそうだが？

アサミ　確かに兄さんの決意は固いみたいだけど……母さんが亡くなって、追うようにして父さんも……それからまだ四十九日も経っていないっていうのに、我が家を売る話をするなんて。兄さんってちょっと気遣いがないのよね。私、腹が立ってしょうがないの。

家の精　不満は分かるが、その考えは甘いなあ。兄妹でずっと共有していても、兄貴の言うとおりあとあと面倒なことになる可能性はある。早いに越したことないよ、こういう話は。

アサミ　精霊さんのくせにそういうところはサバサバしてるのね。

家の精　どうせ売るなら高い値段で売りたいだろう。建物の価値ってのはガンガン下がっていくし、焦って売るより落ちついているときに売るほうが考える時間も動ける時間も十分確保できるんだから、高く売れる可能性も高まるってもんよ。

アサミ　まあ、それもそう、なのかな……。

家の精　俺だってできるだけいいところに買い取ってもらいたいっていう思いがあ

るんだ。ここに定着して長いわけだから。言っておくが、アサミの父さん母さんよりも、ずっとずっとここに住んで長いんだからな。

アサミ　……うーむ。

家の精　なんか信用ならないって顔してるなあ。こう見えても不動産には詳しいんだよ。なにせ宅地建物取引士の資格を……。

アサミ　もってるの!?

家の精　もてるくらいには勉強しているよ。ずっとこの土地にいて暇だったから。

アサミ　なんなのよ……やっぱり怪しすぎる。

家の精　人間じゃないから資格試験を受けられなかったんだよ！　そもそも俺はこの家の敷地からは出られない。

アサミ　そんなんで手伝うって、まったく頼りがいなさそう。

家の精　一人でも味方が多いほうがいいって。よろしくな！

こうして、突然目の前に現れた家の精とともに、実家の売却をすることになったのです。

アサミ　（心労で幻覚でも見てるのかしら。でも、確かに仲間は多いほうが安心するわ。父さんが亡くなってからずっと一人だし、ちょっとだけ安心したのは事実。ここは家の精のアドバイスも参考にしながら、売却のために動いてみるかな。まだ本当に売るかは決めてないけど）

■怪しい査定

プルルプルルル。

アサミ　また電話。知らない番号だわ。

家の精　どうせ不動産の営業だからスルーしとけ。

アサミ　メールとか郵便とか電話とか、なんで急にこんなに不動産関連の営業がタイミングを計ったかのように次々と来るのよー。

家の精　……なあ、最近どこかの不動産屋に資料を請求したり、インターネットで不動産の情報を登録したりしなかったか？

アサミ　そういえばスマホで調べて一括無料査定してくれるサイトに情報をいろい

ろ入れたわ。

家の精　それだ。それで向こうが情報をキャッチして、ガンガン営業かけてくるようになったんだ。

アサミ　えー、何それ。聞いてないよ！

家の精　登録画面の隅っことかにこっそり書いてあるんだ。「情報は営業などに利用しますね」って。向こうの言い分からすりゃ、タダで査定するんだから代わりに営業させてくださいっていうことなんだろうよ。しばらく営業の嵐だろうな。

アサミ　まさかこんなことになるとは……。

家の精　まあでもちゃんと真っ当な価格を提示してくれるところがあればいいわけだ。もう詳細な査定って届いているのか？

アサミ　そういえばメールがいくつか来ていたっけ。

家の精　見してみ……うーん、どれもこれもいまいちだな。

アサミ　そう？　ここの不動産屋さんは2400万円くらいの査定価格で、けっこういいかもって思っちゃったんだけど。

家の精　更地にするのが前提で、土地の価格のみってやつか。てことは更地にするための解体費用もかかるから、実質はこれより２００万円くらい安くなるだろう。仲介手数料ももっていかれるわけだから、最終的に手元に残るお金はさらに少ないぞ。

アサミ　そっか……てっきり２４００万円がこちらに入ってくるものだと思ってた。

家の精　甘いなあ。不動産会社が提示してきた売却価格なんてあてにならないぞ。実際に現地にまで足を運んで査定したんじゃなく、入力されたデータの数字だけで出した大雑把なものだからな。結局そのあとに、「想定よりも駅から歩くからもう少し下がりそう」とか「思ったよりもニーズがないから、値下げしてみましょう」とかなんやかんや言われて、安くなっちゃうこともよくあるんだから。この額どおりに売れると思ったら大間違いだぜ。

アサミ　ショック……。

家の精　そもそも、アサミは「けっこういいかも」って言ったけど、何を根拠にそう思ったんだ？

アサミ　根拠とかって言われると、特に何もないんだけど。ほかの査定よりはちょっと高かったから、いいかなーって。

家の精　甘いなあ。いいか、アサミは不動産の完全素人。提示された価格が高いのか安いのかなんてまったく分からない。とにかく何社かに査定してもらって、いちばん高く提示したところに依頼する。その価格の根拠とかを考えずにな。

アサミ　そうね。家の精の言うとおり、素人だもの。

家の精　そうすると、どこの不動産屋もなるべく高い価格で査定書を作ってくるに決まってるんだよ。解体費用を計上してないこの査定書なんてのは、まさにその代表例だ。

アサミ　そっかあ、そう言われると確かに、価格だけを鵜呑みにしているし、いちばん高いところに頼めばいいかなって、単純に考えちゃうわ。それじゃあ実際に、この査定価格って安いの？　高いの？

家の精　それは俺にも分からん。

アサミ　ええ!?

家の精　このあたりの土地相場とかよく知らんしな。

アサミ　なんかガッカリ。いろいろ的確なアドバイスとかして手伝ってくれるんじゃなかったの。

家の精　とにかく言いたいことは、査定書の出したこの価格が、どんな根拠で書かれているのか、そこをよく考えてほしいんだよ。ただ価格だけを見るんじゃなくてさ。

アサミ　うーん、じゃあこっちの査定は？　きちんと地図を載せたり、土地の用途とか建ぺい率とか、情報も細かに調べて価格を出してるみたいだけど。

家の精　いや、こんなのネットでちょちょっと調べれば出てくるデータばっかだぜ。

アサミ　じゃあこっちは？　なんか複雑な計算をして売却価格を出してるよ。

家の精　確かにしっかり計算して根拠を見せているように感じるけど、例えばここにある「補正率」ってのはなんなのか、何を根拠にこの率を計算に組み入れているのか、はっきりしてない。この数字次第で査定価格なんて不動産屋の都合のいいように、いくらでも調整できちゃうからな。

アサミ　確かによく分からない数字ばっかりで……なんか専門的なことやっててす

ごそうに感じるけど。

家の精　周辺地域の同じような物件の取引事例も紹介して、一見根拠バッチリな査定にしているのもあるな。駅からの距離や前面道路の幅員で相対的に比較して、うちの不動産価値も大まかに見積もっている。でも実際の不動産の価値って、それだけじゃ決まらないからな。もっとほかの要因も混ざって最終的な価格は決まるから、査定書の価格なんてやっぱり薄っぺらい内容なのが基本。信頼性低いよ。

アサミ　そう言われると、どの査定も怪しくてしょうがなくなっちゃう。何を信頼すればいいのやら。

家の精　査定をしてもらうこと自体はいいんだけど、根拠の薄いことや不動産屋にとって都合のいいことばかり書いているようなところは信用しないほうがいいな。デメリットとか懸念事項にもしっかり言及しているようなところが理想だ。

アサミ　具体的にはどうすればいいの？

家の精　とりあえず近場の不動産屋にいくつか見積もりをお願いしてみるのがいい

かな。インターネットで簡単に済ませようとすると、今回みたいな営業の嵐に遭うからな。別個に尋ねてみるのがいいよ。

アサミ　じゃあ次の休みに近所の不動産屋さんに行ってみるわ。

一括査定に潜むリスク

近年、家を売ろうと思った人が最初に行う傾向にあるのが、インターネットでできる「簡単一括査定」です。

いちいち不動産会社ごとに査定を依頼することなく、一括査定サイトを訪問し、フォームに所有者と不動産の情報を入力することで、数社がはじき出した査定価格を、いともたやすく入手し比較できるのですから、一見これほど便利な話はないように見えます。しかも無料というのですから驚きです。

しかし一方で、一括査定に伴う「リスク」も十分に考慮しなければなりません。一括査定の依頼をするのと引き換えに「自身の情報を提供してしまっている」というリスクです。

そもそも、なぜこのような一括査定サイトが利用料ゼロで運営できるのかというと、売主の入力によって得られた個人情報と不動産情報を、不動産関係の業者に提供することで、見返りの報酬を得ているからです。

私がかつて独自に調べたところによると、不動産関係の業者は一括査定サイトに、1物件あたり1万５０００円から2万円ほどを支払い、顧客情報を受け取っているようです。名簿取得料と思えば安いものなのでしょう。

一括査定サイトに情報を入力した途端、業者の営業が直接訪ねてきたり、ダイレクトメールや電話がひっきりなしに来たり、というケースも頻繁に耳にします。ストーリーの主人公もその餌食となってしまいました。

一括査定サイトに頼る際は、これらのリスクを十分に熟知し、「それでもやはり不動産の査定価格を数社で比較したい」と覚悟してから、情報を入力するようにしましょう。

ただ、一括査定サイトに加入している不動産業者は、少しでも多くの顧客を得たいがゆえに、購入価格を高めに設定して、見栄えのいい査定を売主へ提出する傾向のようです。

最終的には「この価格だと厳しそうなので、値下げしましょう」と妥協案を業者から提案され、「ここまでいろいろとやってきてもらったから」という心情もあって、売主は業者の値下げ案を呑んでしまいがちです。これでは一括査定の意味などなかったことになります。

結局のところ一括査定サイトは売主側にとって、さほど利便性や有益性に優れているものではないといえます。

アサミ　インターネットで「一括査定」と検索すると「全国○社の査定であなたの不動産がいくらで売れるか比較」「最短○秒一括査定」なんて広告を見かけるけど、良さそうと思ってすぐに情報を入れるのは危険なのね。

家の精　たとえ１００社で査定できるのが売りでも、全国に買取業者なんて何千何万もいるわけで、ほかにもっと高値売却にチャレンジしてくれるところがあるかもしれんしな。あと、「最短60秒査定」といった広告も、情報を入力するのが最短で60秒で済むってだけの話で、すぐに売却価格が分かるわけでもない。一括査定サイトのリスクは十分に心得ておくべし！

「高く売れますよ！」は甘い罠

■専任媒介契約

家の精のアドバイスを参考にしながら、いくつか近所の不動産屋さんを訪れ、実家の査定をしてもらいました。そのなかで、最も高値を提示してくれ、担当者も親しみやすく信頼できそうな「オダテル不動産」を再び訪れることになりました。

家の精は実家の土地からは出られないため、外では私一人。またしつこい営業を受けないか不安ですが、「向こうからオファーがあっても、その場で承諾しないように」という家の精の助言を胸に刻みながら、担当者であるヤマダさんとの面談に臨みました。

アサミ　え！　３０００万円もいけそうなんですか。査定では２７００万円ということでしたよね!?

ヤマダ　はい！　あのあと、ミツウラ様のご自宅に関してさらに社内で多角的に検証してまいりました。そうしましたところ、周辺の建設計画について、ミツウラ様のご自宅から歩いて５分くらいのところに、大手の複合商業施設がオープン予定だと判明しました。

アサミ　（そういえばちょっと前に、一気に空き地になって開けた場所があったな）

ヤマダ　この建設計画を販売材料に盛り込めば、さらに不動産の価値は高まると考えた次第です。

アサミ　（３０００万円で売れれば、私と兄さんとで１５００万円ずつ。実家を売るのにはまだ抵抗感があるけど……この額なら納得できなくもないな）
本当に３０００万円で売れるんですね！？

ヤマダ　確実、とは現段階では言えませんが……土地の将来性を加味しながら、査定時に出させていただいた額以上に売れるよう、我々も動いてまいりたいと考えております。ぜひ当社とご契約いただいて、販売に力を入れさせていただければと思っています。

アサミ　はい、ぜひよろしくお願いします。

ヤマダ　つきましては、本日は契約書を含めた諸々の手続きなどさせていただければと思っておりまして。

アサミ　（店舗の中も雰囲気いいし、担当の人も信頼できそうだし。それに売却価格も十分納得できなくもない価格だもんな。兄さんからは早く売れって迫られて方法は一任されてるし、今ここで契約しちゃっても問題ないかも）
契約というのは、どういったものなんですか？

ヤマダ　はい、専任媒介契約というものでして、これを締結しますと、当社ではミツウラ様のご売却物件の販売に、より一層の力を入れることができます。契約形態はほかに一般媒介契約もあるのですが、いろいろ縛りが出てきてしまい、ご希望に添った価格での売却や、迅速な売買取引が困難となってしまうのです。専任媒介契約でしたら、チラシ制作や営業回りなど、手間ひまをたくさんかけて販売に携わることができます。買主様を迅速に見つけることができますし、できるだけ高い売却価格を目指せるというわけです。

アサミ　へー。専任媒介契約だと、至れり尽くせりなんですね。

ヤマダ　はい、詳しくは担当の者から説明いたします。そのあとに締結させてくださいませ！

■お隣さん

アサミ　（結局その場のノリというか流れで契約しちゃったけど、たぶん大丈夫よね。高い価格で売れるように頑張ってくれるみたいだし……家の精には事後報告になっちゃうけど）

私が頭を悩ませていると、突然声をかけられました。お隣のキクチさんです。

キクチさん　アサミちゃんおかえりなさい。

アサミ　あ、キクチさん。こんにちは。

キクチさん　最近あまりお会いしていなかったけれど、お元気？　お家のほうもだいぶ整理がついたかしら。

アサミ　そうですね、おかげさまでなんとか。

（キクチさんとはご近所付き合いが最も深くて、私が小さい頃からお世話になっているし、母さん父さんが亡くなったときもいろいろ助けてもらったけど……まだ実家を売るかもしれない件は伝えないほうがいいかな。びっくりされるだろうし）

キクチさん　もし私に手伝えることがあったら、なんでも気軽に言ってね。生前、お父さまやお母さまには、たくさんお世話になったから。

アサミ　ありがとうございます。

キクチさん　そうそう。そういえば。最近よく、アサミちゃんの話し声が聞こえてくるんだけど、お兄さまか誰かが一緒にお住まいなの？

アサミ　（ギクッ！）

キクチさん　もしかして恋人さんかしら？　でもアサミちゃんの声しかしないのよね……かなりお声が小さい方なのかしら？

アサミ　いやっ、それは、その、最近いろいろなところに電話を掛けているので、その声かもしれませんね！

キクチさん　そうなの。まだまだなかなか落ちつかないわね。とにかく気を落とさないで、前を向いていきましょうね。それじゃお体に気をつけてね。

アサミ　はーい、失礼します！
（はあ、びっくりした。最近毎晩、家の精と、ああでもない、こうでもないって、家の売却のこと議論してたから……話すときは声が漏れないよう、戸締りきちんとして小声で話すようにしないと）

■契約の実態

家の精　ふーん。それで俺への相談なしに、その場でオダテル不動産と専任媒介契約を結んじゃったわけね。

アサミ　そうだけど……やっぱりまずかった？

家の精　出かける前、なんて言ったっけ？

アサミ　「向こうからオファーがあっても、その場で承諾しないように」って……。

家の精　覚えてるなら、なんで契約しちゃったんだよ！

アサミ　だって条件良かったから……オダテル不動産の人たちもすごくいい人そうだったし。

家の精　甘いなあ。あのなあ、専任媒介契約を結んじゃった以上は、そこ経由でしかこの家の売買取引ができないんだぞ？

アサミ　その説明は受けたよ。その代わり一生懸命販売に力を注いでくれるらしいから、いいんじゃないの？

家の精　口先だけかもしれないぞ。

アサミ　でも定期的に報告もしてくれるみたいだし。それにさっそく不動産情報をネットに掲載してくれるって言ってたから。買いたい人はすぐオダテル不動産に連絡してくれるんでしょ。

家の精　確かに連絡はあるかもしれないが、不動産屋の連中が「実はもう買手がついちゃいまして」って返事して断ってたらどうするよ？

アサミ　えー!?　なんでそんな嘘つくのよ。売れなくちゃ不動産屋さんにとってもいいことがないじゃない！

家の精　分からんぞ。自分たちで買手候補も見つけて、売手からも買手からも仲介手数料を、ダブルで取ろうっていう魂胆かもしれん。

アサミ　仮にそうだとしても３０００万円で売れるなら私は別にいいけど。

家の精　とにかく専任媒介契約を結んじゃった以上は、不動産屋のやりたいようにやるだろうよ。買手が見つかるまで余裕綽々で営業するだろうし、見つからなけりゃ値下げの交渉もくるかもな。契約書にも「必ず３０００万円で売ります」とは書かれてないしな。向こうの思うツボだ。

アサミ　精霊のくせに見方がひねくれ過ぎじゃない？　もう少し信頼してあげようよ。

家の精　甘いなあ。不動産売却は基本、仲介業者とかは信頼しないほうが賢明だ。契約内容がすべてで、口約束は守らない主義だよ。

アサミ　（言われてみれば確かに……口先では気前のいいことばかり言ってたけど、

契約書には盛り込まれてないな)

家の精　な、少し不安になってきただろ?

アサミ　どうしよう。もう契約しちゃったし、今さら後には引けない……。

家の精　規則で3カ月はやらんといかんからな。逆に言えば3カ月やってもらって、気に入らないことがあれば更新しなければいいだけだ。しばらく様子を見よう。とにかく次からは、きちんと事前に俺に相談するように!

アサミ　……分かったわ。

不動産仲介業者が気にするのは自分たちの利益だけ

不動産仲介業者に不動産の売却を委ねる際は、「不動産仲介業者は、自身の利益のことしか考えていない」という前提で交渉に臨むようにしましょう。

業者が自社の利益を追求することは、資本主義社会においては至極自然な考えであり、決して否定すべきことではありません。また、自社の利益を追求したことで、売主にも多大な利益をもたらすことができれば、まったく問題はないのです。

しかし、一部の不動産仲介業者の悪質極まりない手口を知ると、彼らと気持ちを等しくし、対等な関係で不動産の売却を成し遂げることは、不可能に近いと痛感することになるでしょう。

まず私たちが知っておきたいのは、担当者の営業に乗せられ、「なんだかお得そう」「こちらのことを考えてくれていそう」と、浅い知識のまま勢いで契約してしまうことが、非常に危険な行為であるということです。

ここでは知識をきちんと身につけていただくために、不動産仲介業者と交わす契約について説明します。

相談に来た売主に対して、頻繁に使われる営業文句が「お客さまのご希望額よりさらに高くても、買手がつく可能性はありますよ」です。想定よりもさらに高い価格で売りに出してくれるという意気込みに、売主は「土地の価値をよく分かってくれている！」と、思わず心を許してしまいます。愛想のいい担当者であれば、なおさら「ここに任せてみよう」という気持ちが高まっていくことでしょう。

売主との距離が近づいたタイミングで、担当者は専任媒介契約を持ちかけてきます。もちろん売主はこの契約の内容をよく知りませんから、説明を求めるわけですが、担当者は「専任ならより高く売れます」「早く売りたい方は、皆さん専任を選ばれています」と、売主が前向きになれる文句ばかりを並べて、契約締結を急がせるのです。

　こうして売主は不動産仲介業者と専任媒介契約を結ぶわけですが、本来であればメリット・デメリット含めて、売主は契約の内容を十分に知っておくべきです。

　それは具体的にどういうものかというと、専任媒介契約だと「その不動産会社しか仲介ができない」という制約です。

　似たような契約で専属専任媒介契約というのもあるのですが、これはさらに制約が厳しく、例えば仮に売主自身の力で買主を見つけることができたとしても、契約した不動産会社を介して売買をしないといけなくなります。

　残る一般媒介契約では、ほかの不動産会社とも並行で契約でき、売主から見ればよりたくさんの販売員をつけることができるため、買手候補をより見つけやすくなるメリットがあります。

アサミ　　それなら、いろんな不動産会社で営業代行してもらえる一般媒介契約を結ぶのがダントツにいいんじゃないの？

家の精　そんなこともないんだよなあ。一般媒介契約の場合、不動産屋側に「必ず仲介できる」という確約があるわけではないから、力を入れて営業をしない可能性もあるんだ。

専任媒介契約であれば自社の仲介によって成立することがほぼ確実ですから、仲介業者も営業に力を入れます。「専任なら経費をたくさんかけられるので、チラシも作りますし、新聞の折り込みもたくさん入れられます」というのは、専任媒介契約を結びたい業者のよく使うセリフです。言われた側も、「確かにそのほうが売れやすいかも」「責任をもって営業してもらえないのは困る」という心理から、あまり深いことを考えずに専任媒介契約を結びます。

以上のような各契約の違いや、メリット・デメリットを踏まえてから、契約を結ぶことが大切です。業者は自分たちの利益を第一に考えていますから、専任媒介契約を結ぶと、彼らの営業次第で売却できるか否かも、そして売却価格がいくらになるかも、業者の思うツボということになります。

「業者側だって、高ければ高いほど利益も大きくなるのだから、売主と目的は同じ。だから専任媒介契約で全力で頑張ってもらうのがいいんじゃないの」と思うかもしれませんが、実態を覗いてみると、実に巧妙な手口で、売主の利益を無視し、自分たちの利益だけを求める、業者のダークな狙いが透けて見えてきます。続けて種明かししていきましょう。

業界にはびこる悪しき習わし「双方代理」

不動産業界には悪しき習わし、「双方代理」というものがあります。

不動産の売買契約を結ぶとき、売主の代理人である仲介業者と、買主の代理人である仲介業者、二つの仲介業者が存在することになります。売買が成立すると、それぞれの仲介業者は成約報酬である仲介手数料を受け取ることができ、その額は４００万円以上の取引であれば「取引価格×３％＋６万円＋消費税」以内と、宅地建物取引業法で定められています。

さて、ここで仲介業者の目線に立つと、売主と買主、双方の代理人となれば、単純に仲介業者の取り分は2倍となることが分かります。これを「双方代理」と呼び、1回の取引で最大限の利益を出したい仲介業者は、双方代理になれるよう営業をかけるわけです。業界用語ではこれを「両手で儲ける」といったりします。

家の精　双方代理は、どちらか一方の側にとって有利な契約を結ぶおそれが考えられるから、業種によっては禁止とされていることもあるんだ。例えば弁護士は双方代理が禁止行為とされている。

アサミ　不動産の売買契約では双方代理が許されているのね。

家の精　当事者たちが了承していればオーケーになっているんだ。

法律で禁止されている行為ではないのですから、この双方代理自体は悪いことではありません。しかしながら、この古くから定常化している仕組みを利用して、売主の利益を無視した手口に走る業者も決して少なくないのです。

その双方代理を悪用した代表的な手口が「囲い込み」です。

健全な不動産取引を実現するため、売主と契約を結んだ不動産仲介業者は不動産流通標準情報システム、通称「レインズ」に、不動産情報を登録することが義務付けられています。

レインズへの登録によって、不動産取引に関わる不動産業者は、売りに出されている不動産の情報を平等に取得できるわけですが、実際はまったく平等とはいえない現状が明らかになっています。

レインズを見て「当社の抱える顧客にマッチした不動産だ」と判断した仲介業者は、掲載している仲介業者に問い合わせをします。この問い合わせしてきた仲介業者に対して、まだ買手候補がいないにもかかわらず、「もう予約が入っていまして」と断る悪質な仲介業者もいるのです。

アサミ　それって嘘ついているってことよね。本当にそんなことするところがあるの？

家の精　実際に、あるテレビ番組で調査した実例があるぞ。レインズに掲載されている不動産の登録先に「不動産業者」として問い合わせたら、「商談中」だと回答されたんだ。その物件に今度は個人の「買主」として問い合わせたら、「まだ売れていません」と快く紹介してくれたそうだ。

アサミ　両手で儲けたいから、そういうことをする業者もいるのね。

以上が囲い込みの手口です。仲介業者は、売主も買主も両手で囲い込みたいがために、このような嘘を平気でつくわけです。

両手で儲けるための囲い込みを防ぐには売主側も業者に任せきりにせず、定期的にチェックを行うことが必須です。専任媒介契約を結んだ以上は、レインズ経由での問い合わせの件数など、きちんと報告してもらうようにしましょう。「販売の問い合わせ状況などについてはこちらにお任せください」と言葉を濁されるようであれば、信頼できない業者かもしれません。契約の更新をしないのが身のためです。

売主はなぜ仲介業者の「いいカモ」にされてしまうのか

普段の生活のなかで購入する日常的な商品であれば「前にここで買ったら品質が悪かったから、次は違うところで買おう」とか「広告ではいいことばっかり書いていたが、実際に行ってみたら大したことはなかった」というように、経験を積み重ねながら対処法を身につけ、買い物の精度は上がっていくものです。

しかし、不動産取引というのは一生に一度あるかどうかの大イベントです。「今回は失敗したけど次からは気をつけよう」とはいきませんし、一度契約したら「価格に満足いかないから、やっぱり返金してほしい」は当然通用しません。失敗の許されない、取り返しのつかない取引なのです。

売主には経験もなければ適切な対処法も身についていません。この事実があるからこそ、一部の不動産仲介業者は顧客である売主の知識と経験不足を逆手にとって、自分たちの利益を優先した手口を駆使し、「いい価格で取引ができましたね！」と調子のいいことを言って、売主をカモにしています。

アサミ　私も不動産の知識ゼロだったから、不動産屋さんの言うことに「そういうものか」と納得して、契約しちゃったわ。

家の精　契約はその場の勢いで決めるのではなく、一度持ち帰って自分なりに知識を身につけてから最終決断をすることが重要だ。

売主が仲介業者のカモになってしまう理由として、早く売ってしまいたいという焦りの気持ちが挙げられます。

売主は、現金が欲しいか不動産に関わるトラブルを回避したいがために、不動産を売ることを急いでいます。例えば不動産の買い替えがしたかったり、共有状態を解消したかったり、相続税の支払いが必要だったりといった事情から、短期間での売却を希望しています。

いずれにしろ「早く現金化したい」という気持ちが先走っている傾向にあるため、「ちょっと安くてもいいや」と妥協心理が働きがちです。

しかしその「ちょっと安く」というのも、例えば「７０００万円の希望額だったものが６８００万円の売却価格で決着した」というような減額で、数百万円も下がってしまうケースが多いのです。

不動産という大きな価値をもつものの取引のために金銭感覚が麻痺しがちですが、数百万円であれば車が買えてしまう差額です。本来の感覚でいえば、絶対に阻止したいレベルの値下げ額だと思います。

悪質な仲介業者というのは、こういった顧客心理を十分に熟知しています。相続税が必要とか離婚して財産分与しなければいけないとか、顧客の弱みに付け込んで仲介業者が主導権を握れるよう営業を仕掛けていきます。双方代理も囲い込みもお手のものです。

仲介業者は別段、個々で特殊な技能をもっているわけではないのです。いくつもの経験を積み重ねて蓄積した、自社が利益を最大限に得るためのノウハウをもっていて、これを担当者全員で共有しています。すなわち、売主にとって「思っていたより高く売れなくなった」という結果になったとしても、後腐れのないように終わらせる術を身につけているわけです。

アサミ　私も、家の精の助言がなければ、不動産屋さんの手口に気づくことなく、取引を進めていくことになっていただろうなあ。

家の精　そう。こちら側に知識や経験がないから、不動産仲介業者のいいカモにされてしまうんだ。

［第2章］

不動産仲介業者はこうして売主を騙す

担当営業からの予想外の提案

■ディスカウント

オダテル不動産と専任媒介契約を交わしてしばらく経ち、定期報告を聞きに同店を訪れました。今回は重要な話もあるとのことで兄も同行しています。担当者を呼び出すと、契約時とは違う「カワイ」と名乗る若い女性が出てきました。いつもとは違う雰囲気を感じ、嫌な予感を抱く私なのでした。

カワイ　今回は重要な定期報告ということで。ご物件を一緒に所有されているお兄さまにもご足労いただきまして、誠にありがとうございます。

兄　いえいえこちらこそ、今日はお時間をありがとうございます。

アサミ　あの……前に担当いただいていたヤマダさんは？

カワイ　はい、今日は別件で動いておりますので、私が代わりに報告をさせていただきます。ご安心ください、私もミツウラ様物件の販売に関わっておりますので。

兄　そうでしたか。いつもお世話になっております。

アサミ　それで、どんな感じですか。問い合わせはきていますか。

カワイ　それがですね……すごいきてます、お問い合わせ！

アサミ　本当ですか！

（良かった、重要な報告っていうから、全然問い合わせがこないっていうネガティブな報告だと思ってた）

カワイ　ただですね。実は「もう少し安くならないか」という交渉が大半でして。

兄　提示価格の３０００万円では売れそうにないと。

カワイ　そうなんです。こちらが提示した価格なのに恐縮です。少し強気過ぎたのかもしれません。

兄　いやいや、そんな気落ちすることないよ。

アサミ　……それでいくらくらいなんですか。

カワイ　２５００万円で売ってほしい、というお問い合わせが多いですね。

アサミ　えっ。最初に査定してくれた２７００万円よりも、２００万円も安いじゃないですか！

カワイ　もう少し時間をかければ２７００万円でのお問い合わせも増えるかもしれません。なので本日のご相談としましては、３０００万円から少し減額しての販売に変えたいというものでして。

兄　まあそれは、構わないんじゃないか。早く売れてくれるほうがこちらとしてもありがたいし。

アサミ　商業施設ができるからもっと価値が上がるかもって、３０００万円を提示したのはそちらじゃないですか。

カワイ　そうなんですが、商業施設のオープンがまだだいぶ先ということで、土地価格に反映されるにはもう少し時間を要す模様でして。もう１年後くらいには上がるかもしれませんが、３０００万円で売れる保証はできません。

アサミ　……。

カワイ　念のため同じような取引事例がないかさらにエリアを広げて探ってみたのですが、相場として今後上がる価値の見込みは１００万円程度となっています。ですから、妥当な売却価格は２５００万円から２７００万円になるかなと思われます。

アサミ　（えー、なんか最初に言ってたことと全然違う！）

兄　まあ、早めに売っておきたいし、2700万円くらいに下げてもらってもいいんじゃないか。

アサミ　いやいや、ちょっと待ってよ！

■兄妹喧嘩

オダテル不動産からの値下げ提案を鵜呑みにしようとする兄を止め、今日のところは保留とし、後日最終的に決めることになりました。

帰宅後、実家でテーブル越しに向かい合う私と兄。兄のすぐ隣には家の精が座って、オダテル不動産から持ち帰ってきた資料をのぞき込んでいます。

兄　ん、どこを見ているんだ？

アサミ　え？　あ、なんでもないよ！

（そうだった、家の精は私にしか見えないんだった）

兄　問い合わせが多いのは2500万円か。

アサミ　契約するときには「３０００万円で売ります」って調子良く言ってたのになあ。

兄　しかしほかの不動産屋が出した査定だと２４００万円が最高額だったんだろう。

アサミ　ネットで一括査定してもらったときはそうだったけど。

兄　それよりも１００万円高いんだし、いいんじゃないか。仮に２５００万円だったとしても。

家の精　はあ、甘いなあ。

アサミ　（家の精がため息ついた！）

兄　ん、なんださっきから。俺の隣に何かあるのか。

アサミ　ううん、なんでもないわ！

兄　あと……ちょっと言いにくい話なんだが、不動産売却金の配分、俺の取り分を多めにしてくれないか。

アサミ　はい？

兄　まあなんだ、その、俺が長男だし、俺は家族がいるわけだから。……分かるだろう？

アサミ　いや、分かりませんけど？

兄　怒ってる？

アサミ　そりゃ怒るわよ。こういう話、父さんが亡くなってすぐにすることじゃないから黙ってたけど……この家でずっと母さん父さんと一緒に住んで、最期まで面倒を見たのは私よ？

兄　それは……それは感謝しているよ。

アサミ　そのうえで、さらに不動産売却も私に任せきりにして、おまけに私の分は少ないって……どういうこと？　ちゃんと説明してよ！

兄　……。

アサミ　都合が悪くなるとお決まりのだんまりですか。
(怒りでクラクラしてきた)
もう今日はここまでにしよ。値段を下げる件は、頭を整理したらもう一回考えるから。

兄　……分かった。すまないが、引き続き頼むよ。

■不動産仲介業者の儲け方

家の精　人間ってのはいろいろ難儀だねえ。

アサミ　なによ他人事みたいに。

家の精　この土地が誰の手に渡るかは気になるけど、おたくら家族のことはわりとどうでもいいからなあ。

アサミ　何十年も同居してきた居候精霊が言うこと!?

家の精　居候とは人聞きの悪い。俺が住んでた土地に越して来たのはおたくらだぞ！

アサミ　……なんだか悲しくなってきた。父さん母さんが残してくれた家のことで揉めて、お金のことでも喧嘩するなんて。私は別にお金の取り分なんていくらでもいいんだけど、なんだか私のこれまでの人生まで否定された気分で。悔しいやらうんざりするやら。

家の精　親の介護とか今回の不動産売却の件とか、アサミがいろいろ頑張ってきているのは俺がいちばん知っているよ。そりゃ腹立つよな。

アサミ　うん……。

家の精　まあ兄貴には兄貴で、いろいろ事情があるんだろうな。

アサミ　（こういう感傷的な話はそろそろ切り上げて、現実的にやらなくちゃいけないこと終わらせないと）

そういえばさっき、不動産屋の資料見てため息ついてたみたいだけど？

家の精　そうそう、それだ。この実際にうちの土地について問い合わせてきたっていう件数の資料だけど。

アサミ　うん。3000万円で出してるんだけど、2500万円なら買うっていう問い合わせばかりだったみたい。

家の精　この問い合わせてきたところってのが、不動産仲介業者や個人じゃなくて建設関係の会社っぽい名前になってるんだよ。

アサミ　……本当だ、ネットで調べてみたけど、建売をしてる会社さんみたい。この土地を買って、新しい家を建てるつもりってこと？

家の精　もしかしたら、この建築業者ってのは問い合わせてきた買手候補じゃなくて、もとからオダテル不動産の取引先かもしれんな。

アサミ　どういうこと？

家の精　つまりこういうことだ。不動産屋の担当者が、仲の良い取引先に「この土地いかがですかー」って声を掛けているんだよ。

アサミ　それっていいことなんじゃないの。私たちの代わりに営業してくれるんだから。

家の精　ここまでは確かにありがたいことだよ。でももし「３０００万円で募集してますけど、お世話になってるのでお安くしますよ」なんて営業していたらどうする？

アサミ　それは納得できないわね。

家の精　そんで取引先から「２５００万円なら買うよ」って言われたから、今日わざわざアサミと兄貴に招集かけて、問い合わせは２５００万円が多い、だから安くしませんか、ってジャブを打ってきた。っていう流れかもしれんってことだ。

アサミ　うーん、でもさ。不動産屋さんも、売却価格に応じた報酬がもらえるわけだから、値下げするのは不本意じゃないの？

家の精　相変わらず考えが甘いなあ。契約が売主と不動産屋の間だけなのだとしたらそうだけど、この建売業者ともなにかしらの契約を結んでいたらどうだ？

双方代理とかな。例えば３０００万円で売りに出したところ、結局この建売業者に２５００万円で売ることになったとしよう。この売買で仲介業者が売主から受け取る報酬は、法律上は税抜きで「３％＋６万円」以内、つまり81万円だ。

アサミ　３０００万円でほかの買手がついた場合は、えーっと、96万円か。15万円も不動産屋さんの報酬が下がっちゃうことになるわね。

家の精　でも、買主である建売業者とも契約を結んでいたら、こちらからも報酬が受け取れる。同じく「３％＋６万円」、81万円だ。

アサミ　81万円と81万円で162万円！

家の精　そう。仮に別の仲介業者が代理としてついている買主に３０００万円で売っていたら96万円の報酬だけど、買主とも売主とも仲介契約を結んでいれば、売値が２５００万円でも162万円の取り分になるってことだ。だから、多少安値でもいいからとにかく自分らが仲介しているところで売買成立させたいかもしれないんだよ、不動産屋は。

アサミ　双方代理って売る側にとってはいいことなさ過ぎ！

家の精　しかもだ。この建売業者が購入し、土地に新しい家を建てたら、この不動産屋が販売に携わるのかもしれん。契約が取れたらさらに報酬はガッポリだ。一つの土地で、3倍以上もおいしい思いができるのさ。

アサミ　……だから、安くてもいいから早く売ろうと急かしているかもしれない、ってことなのね。

家の精　まあ、あくまでこの資料を見たうえでの想像だけどな。

■巧妙な戦略

アサミ　うーん。とはいえ、よ。2500万円なら最初の一括査定のときに出された2400万円よりは高いし、いいかもって思っちゃうこともあるかも。

家の精　不動産屋から2500万円の根拠は教えてもらえたのか。

アサミ　オダテル不動産の当初の査定額は2700万円で、商業施設が建つからって上乗せで3000万円になったけど、さすがに強気過ぎたって言われて。同じような条件で周辺の過去の取引事例を見てみたら、この2500

から２７００万円の間が妥当って言われたの。

家の精　取引事例か、なんとも胡散臭いな。

アサミ　でも私も見せてもらったよ。実際の土地の情報とか細かく書かれてた。

家の精　その資料ってもらわなかったのか。

アサミ　会社の極秘資料だからここだけでしか見せられないって、もらえなかったわ。

家の精　甘いなあ。もしかしたら架空のものをでっちあげたのかもしれんのに。

アサミ　そこまでする!?

家の精　完全な嘘かは分からんが、ちょっとした脚色はしているかもしれんぞ。そんなことを平気でやる業者もいるって、前にテレビか新聞で見たからな。

アサミ　資料もしっかりしてたし、妙に説得力を感じて、私もちょっと信用したのに。兄さんは初めから、担当の人を信頼しきっていたけど。

家の精　あの堅物そうな兄貴がかよ。

アサミ　今日だけやけに若い女性が担当者で、兄さん鼻の下伸ばして。

家の精　それも戦略だな向こうの。事前に兄貴も来るって伝えてたんだろ。実質的な決定権は兄貴にあると踏んだから、気に入られそうな人を投入してきたんだよ。

アサミ　なるほど。完全に向こうのペースに乗せられてたってわけね。

家の精　味方のフリしながら、自分たちの儲けのことしか考えないところもあるからな。最大効率で利益が出せるなら、売主を信頼させるためのテクニックをこれでもかってくらい使ってくるさ。

アサミ　うーん、いい不動産屋さんだと思ってたのに。なんだか人間不信になりそう……。

「1（ワン）、2（ツー）、3（スリー）」で大儲け

ストーリーに出てきたような不動産仲介業者が駆使するテクニックを、「ワンツースリー」といいます。なぜそう呼ぶのかというと、仲介業者が3段階で儲けられる仕組みだからです。

まず売主からの仲介手数料でワン、続いて建売業者である買主からの仲介手数料でツー、そして建売業者が建てた住宅の販売手数料でスリーとなります。

しかもスリーにあたる建売住宅の販売時は、売主からも買主からも両手で稼ぐことができます。例えば一つの土地に3棟の建売住宅を建てたとしたら、このワンツースリーの一連の取引のなかで、不動産仲介業者は計8回（売却代理手数料の1回、購入代理手数料の1回、建売住宅販売手数料の双方代理3棟分の6回）も、仲介手数料という名の莫大な報酬を得ることができる計算になります。

近所を散策中、「ここ、大きめの屋敷が建っていたのに、いつの間にか建売住宅が3棟も建っている」という現場を目撃した経験があるかもしれません。お屋敷が3軒の建売住宅となるまでの詳しい経緯について、部外者である我々は知るよしもありませんが、その背景にももしかしたら、ワンツースリーで儲けて高笑いする仲介業者がいたのかもしれないのです。

アサミ　違法ではないんだろうけど、売主としては釈然としないわね。

家の精　何度も念を押しておくが、仲介業者がこのようなテクニックを使えるのは、そもそもの出発点で売主と専任媒介契約を結んだからだ。

建売業者から提示された額面での売却が達成できるよう、仲介業者は売主にさまざまな「ディスカウントのためのアプローチ」をかけます。売主の好みそうな担当者をつけたり、趣味の話などを交えることで親交を深めたりすることで、厚い信頼を得てディスカウントに応じてもらうために、やれることならなんでもするのです。

さりげない「刷り込み」によって売主に値下げを検討させる手法も仲介業者はよく使います。例えば売主との間で次のような会話を交わすのです。

「購入を検討されているお客さんと交渉をしていたのですが、あと少しで決着するという直前でお客さんが同じような物件を見つけて、そちらのほうが安いということで断られてしまいました」

「それで、その安い物件っていくらだったの?」

「○○万円です」

「えーっ、うちと同じような物件で、そんなに安いの?」

「あのあたりは最近地価が下がり傾向のようで、このくらいの価格でないと厳しいのかもしれませんね」

これがさりげない刷り込み作業です。担当者は、不動産に関しての話はここで切り上げ、趣味の話や時事ネタなど何気ない話題に切り替えていきます。決して「私たちも値下げしましょう」とは直接提案しません。

しかし仲介業者との会話のあと、ボディブローのように、このやり取りがじわじわと効いてくるのです。「今の価格のままだと売れないのかもしれない」「今後も安い価格で同じような物件が出続けたら、自分の物件はいつまで経っても売れない」という焦りが生じて、最終的には値下げの提案を売主のほうからすることになります。

「当初のご希望額でなんとか売りたい気持ちでしたが、かしこまりました」と、仲介業者は終始厳粛な態度をとるでしょうが、内心ガッツポーズでしょう。その足でさっそく交渉中の取引先へ向かい、「値下げできました！」と吉報を届け、「ワンツースリー」の次の段階へとプランを進めていくわけです。

「担当者の9割は素人」と思え

宅地建物取引業法には、不動産の事務所には必ず「5人に1人」の割合で、宅地建物取引士の資格を有している人間をおいておかなければならない、という決まりが定められています。10人の事務所なら2人、13人の事務所であれば3人、宅地建物取引士が必要です。

この決まりは、裏を返せば5人に4人、実に80％の不動産仲介業の担当者は、不動産に関して「素人」であることを物語っています。

さらにもっといえば、私たちが出会う担当者は、90％以上の確率で宅地建物取引士の資格をもっていないことでしょう。なぜなら、宅地建物取引士は契約の際の重要事項の説明をはじめとした、さまざまな専門的業務を抱えているため、外へ出て行く時間などほとんどないのです。ですから、顧客と接することの多い担当者は、必然的に営業トークばかりが得意な、普通の人よりもちょっとだけ不動産に詳しい、素人同然の宅地建物取引業従事者である可能性が高い、ということになります。

家の精　実際には、宅地建物取引士の資格をもっていなくても、不動産のことをたくさん勉強している熱心な担当者もいるだろうが、あまり過度な期待をもってはいけないということだな。

アサミ　なんでもかんでも任せきりにしたり、担当者の言うことを鵜呑みにするのは危険ね。

不動産仲介業者の担当者は、不動産の専門的知識を豊富に有しているとは限りません。しかし一方で、不動産仲介業者を訪ねる顧客は当然「この担当者は不動産に詳しい」と思い込んでいます。このような埋まることのないギャップが、大きなトラブルの元となります。

例えばよくあるケースとして「買主からの不具合クレーム」があります。不動産に関する不具合については、事前に念入り過ぎるほど吟味しているはずで、売主と仲介業者はもちろんのこと、仲介業者と買主の間でも十分な確認を行い、契約を交わしたうえで売買が成立しているはずです。それでも予期せぬ不具合が発覚して買主からのクレームが入り、誰に責任があるのかが問われるトラブルも、少なからず起こり得るのです。

このようなトラブルが発生したとき、いちばん痛い思いをすることになるのが売主です。「こちらで対処します」と潔いことを言ってくれる仲介業者はごく少数で、多くは「事前に報告いただけていなかった不具合なので、修繕費用をお願いします」という流れにもっていこうとします。「いやいや、事前に一緒に確認しましたよ」と言っても、「記憶がない」とか、挙句には「担当者は異動になりました」と言って、責任を回避することに必死で売主のフォローをいっさいしない仲介業者が実際にいるのですから最悪です。

トラブルの原因は、もちろん売主にはありません。担当者が素人で、手っ取り早く売買を成立させたいがために、細かい確認を怠って交渉を進めていったことです。買主との間でこのような悲劇が展開されないよう、細かい部分まで徹底してサポートしてくれるところが信頼できる仲介業者ということになりますが、なかなかその見極めが難しいのも事実です。

家の精　とにかくこちらが心掛けたいのは、仲介業者は税金のことや保険のことはもちろん、不動産の法律に関しても、素人なんだという前提で付き合うということ。

アサミ　こちらの問いかけに対してはぐらかされそうになったら、何度も確認をしていくべきね。

家の精　その場しのぎで知ったかぶりをする担当者もいるから注意が必要なんだ。なんでもかんでもハキハキと答えてくれる人よりも、微妙な問いかけに対しては「確認します」と言ってくれるような人を信用するほうが身のためだな。

良い担当者と出会うための4つのポイント

アサミ　さっきから「不動産仲介業者はこんな手口を使ってくるぞ」とか「こういう担当者は危険だ！」みたいな話ばかりだけど、じゃあどんな不動産業者を頼って、どんな担当者に任せればいいの？

家の精　そう言われると思って、良い担当者と出会うためのポイントを簡単にまとめておいたぞ。参考にしよう！

1　印象が大事

非常にシンプルなポイントですが、まずは担当者の印象が第一です。

口先だけだったり、その場を取り繕う言動が多かったり、営業がしつこかったりする担当者は避けましょう。フィーリングの話になりますが、「なんだか印象が悪い」と感じた担当者とも縁は切りましょう。担当を替えてもらうか、もしくはその仲介業者に売却を依頼するのはやめておくのが無難です。

2　数社からヒアリング

当たり前の話ともいえますが、いきなり一つの業者に絞るのではなく、何社かあたってみて、そのなかから信頼できそうなところと契約を結びましょう。

3　地域に密着している業者がベター

一般的な戸建てやマンションを売る場合は、地域に深く根ざし、実績を着実に積み重ねている業者に依頼するのがベターです。全国展開している大手よりも地域の特性を把握しており、これまでの販売事例から、より精度の高い価格設定に加え、多角的な売却プランを提案してくれるはずです。

ちなみに、住宅を購入する人の8割以上が、2キロ圏内に住むご近所さんであることがデータで判明しています。この点においても、地域に根付いている業者は心強いです。物件を探している層へダイレクトに効果をもたらす営業活動を展開してくれます。「そういえば○丁目の○○さんが物件を探していた」というように、とんとん拍子に買主候補を見つけてくれることもあり得ない話ではありません。

4 「相場」が口癖の業者には注意

「相場だとこのくらいが妥当かと」「相場的にこの価格では売却は厳しいかもしれません」というように、事あるごとに「相場」を口にする仲介業者には警戒しましょう。「専門の人がそう言っているなら、そうなのかも」と、値下げ交渉などに対して売主を強引に納得させる狙いがあるかもしれないからです。

ただもちろん、客観的な正しい根拠をもったうえで相場の話題を持ち出していることもあるでしょうから、「相場」というワードが口から出たら、きちんとエビデンスを示してもらいましょう。「本当にそうなのか、見せていただけますか」というように、角が立たないかたちで尋ねてみるといいでしょう。きちんと証拠を出せたところは、むしろ信頼できる仲介業者です。

勝手に安値で売られてる!?

■チラシの誤植？

オダテル不動産と実家売却のための専任媒介契約を結んで、3カ月が経とうとしていました。

その間、数回オダテル不動産から連絡はあったものの、相変わらず買手候補が提示する希望価格は２５００万円前後。契約を交わした以上報告を信じるしかありませんが、本当に３０００万円で問い合わせしてくる買手候補がいないのか、疑惑も消えません。

家の精から「双方代理」や「囲い込み」、そして「ワンツースリー」といった手口のカラクリを教えてもらった以上は、売却の決断は慎重に行っていこうと決めました。

そんな私の態度を察してか、オダテル不動産からの報告も、回を追うごとに声のトーンが落ちてきたような気がしています。

私は仕事が忙しくて情報収集が疎かになり、兄も仕事でいっぱいいっぱいなのか、連絡が途絶えていました。実家売却のこと自体、忘れてしまう日が続いていました。

そんな矢先、事態は急展開を迎えることになりました。

アサミ　あれ？

家の精　ん。どうした。

アサミ　隣町に行ったら、不動産屋さんが作ってくれたうちのチラシを配ってて、一枚持って帰って来たんだけど……これ見てみてよ。

家の精　２５００万円で販売……ディスカウント許可したのか？

アサミ　ううん。そんな許可出した覚えないんだけど。

家の精　これはもしや。電話で確認してみたほうがいいぜ。

アサミ　……そうね。

（家の精のあの苦い表情、嫌な予感がするわ）

あの、もしもし、ミツウラですが。

カワイ　はい、お世話になっております！

アサミ　実は今、そちらで作成してくれた、うちの物件のチラシを確認したら、価格が２５００万円になっていたんですが。まだ値下げはせず３０００万円での販売をお願いしていたと思うんですけど。

カワイ　え……っと、ちょっと確認してみますね。

家の精　もうここらが潮時だな。

アサミ　え？

カワイ　お待たせしました。申し訳ございません、確認しましたところ、情報を入力する事務員が数字を間違えて打っていたみたいでして。

アサミ　え、ミスで打っていたんですか……。

家の精　やっぱりな。ちょっと貸してみ。

アサミ　ちょっと！

家の精　もしもし、おたくさ、どんだけずさんな管理してるんだよ。事務員が数字打ち間違えてても、チラシを見たときに誰かが気づくはずだよなあ。もうこれは解約もの。ちょうど3カ月で契約更新が近いし、ここらで解約だ！

アサミ　ちょっと返して……す、すいません。

カワイ　あの、今の方は？

アサミ　えっと、不動産に詳しい友人にアドバイスをもらっておりまして。

カワイ　左様ですか。この度は本当に申し訳ございません。すぐにミスを直しますので……。

■解約

アサミ　もう、いきなりあんな声で怒鳴って。販売に力を入れてくれなくなったらどうするのよ。

家の精　願ったりだろ。信用ならんあそこは。今回で確実になった。解約しろ。

アサミ　そういえば３カ月でどうのこうのって。

家の精　専任媒介契約は３カ月ごとの更新が基本。ちょうどその節目が近いから、契約を更新するか一旦切るか、決めることができるってこと。解約のいいタイミングだ。

アサミ　そういえばオダテル不動産の人にも契約するときに説明された気がするな。でも、せっかくここまで関係を続けてきたし。解約したら業者さんの取り分ってゼロでしょ。販売頑張ってくれてたと思うから、申し訳ないよ。

家の精　甘いなあ。向こうは不義理を働いたんだから、やめたらいいんだよ。

アサミ　不義理って……本当にミスかもしれないし。そもそも安値で載せるメリットって不動産屋さんにないんじゃない？

家の精　もともとこの価格で売る気満々だったってことだよ。３０００万円だと連絡がないけど、２５００万円ならたくさん連絡があるから、このくらいが適正ですよって、アサミたちへの説得材料にでもするつもりだったんだろ。

アサミ　そんな身勝手な営業ってある？

家の精　あるある、ありまくりよ。とにかく今すぐオダテルへ行って、解約してきな。

アサミ　(確かに、最近全然動きなかったし、今回のことはさすがの私も信じられないし我慢ならない。このタイミングで1回区切りをつけるのもいいかもな。兄さんに何言われるか分かんないけど)

■幼い頃の思い出

アサミ　結局勢いで解約しちゃったけど、これからどうしようかなあ。

家の精　ずいぶんとお疲れモードだな。

アサミ　解約に行った足で、別の不動産屋に2軒も行ってきたんだもん。でもどっちも反応いまいち、2500万円以上は厳しそうかもって言ってたし。やっぱり2500万円が適正だってことかなあ。

家の精　そりゃそうだよ。市場に2500万でと言っといてやっぱり3000万では取り扱いたくないよ。

アサミ　なんかもう面倒になってきた。どこでもいいやって感じ。

家の精　おいおい、俺の安住の地なんだから！　大切に扱ってくれるところに買ってもらわないと困るよ。

アサミ　私だって生まれ育った家だから、ちゃんとしたところに買ってほしいよ。

家の精　そうだぞ、くれぐれも頼んだぞ。

アサミ　家の精はいいわよね、家の中にずっといて私にああだこうだ勝手なこと言うだけでいいんだから。外に出て交渉する身にもなってほしいわ。

家の精　なんだその言い草は、俺の的確なアドバイスがなかったら、不動産屋のいいようにされて、今頃もっと安値で売られていたかもしれないんだぞ！

アサミ　……。

家の精　なんだよ！

アサミ　（私、家の精に八つ当たりなんかして……自己嫌悪ーっ）
ちょっと庭に出てくる。

家の精　……。

庭の隅にある桜の木に寄りかかって、私は物思いにふけりました。

アサミ　（母さんと父さんの世話から解放されて……一息つけると思ったら兄さんから実家を売る話をされたり、不動産屋にはあり得ないことされたり、振り回されて……嫌んなっちゃう。私っていつもそんな役ばかりやらされてる……）

家の精　小さい頃、よくここで走り回ってたよな。

アサミ　あら、ついてきてたの。

家の精　うむ。

アサミ　（家の精なりに心配してくれてるのかしら）
……そうね。小さい頃は父さんや兄さんとここでよくかくれんぼとか、木登りとか、いろいろしてたな。あの頃はすごい広く感じたなー。そっか、そういうのも家の精は見てきたのね。

家の精　そりゃあ、アサミの父さんと母さんがこの土地に初めて足を踏み入れたときのことから現在まで、ミツウラ家のことならなんでも知っているさ。

そのとき、庭を強い風が吹き抜けました。縁側に置いておいた不動産関連の資料が、落ち葉と一緒に、お隣のキクチさんの家のほうへ飛んで行ってしまったのです。

アサミ　どうしよう、キクチさんいるかな。

家の精　いや、大丈夫みたいだぞ。よく見てみ。

アサミ　ほんとだ。うちとキクチさん家の間の細いスペースに落ちてる。ちょっと、取って来てくれない？

家の精　そうしてやりたいところなんだが、そこはどうやらうちの土地ではないみたいでな。ほら、俺自分の土地から出られないから。

アサミ　じゃあ、そこの細いスペースってキクチさんの土地なのか。仕方ない。私が玄関のほうから回り込んで取って来るか。

（うー狭い……うちの植え込みとキクチさん家の石塀に擦られて痛いし……ほんと踏んだり蹴ったりだわ今日）

そういえばこのスペースって、なんのためにあるんだろ。

私が飛んで行った資料に手を伸ばしながらつぶやいた直後、石塀からキクチさんがひょっこり顔を出しました。

キクチさん　誰かの声がすると思えば。

アサミ　すいません。書類が風で飛んじゃって……私の独り言は気にしないでください。

キクチさん　懐かしいわねえ。

アサミ　えっ？

キクチさん　小さい頃はいつもここを抜けて、公園に行ってたわよね。今ここからアサミちゃんが通っているの見て思い出したわ。私がこうやって顔を出して、こんにちはーって挨拶したりして。

アサミ　はは……今じゃ通るのも一苦労ですけどね。そういえばキクチさん、この狭い小道とも通路ともいえないようなスペース、なんのためにあるんですか？

キクチさん　それがねえ、私もよく覚えてないのよ。

アサミ　このスペース、キクチさんの敷地みたいですよ。

キクチさん　あらそうだったの。なんでスペースを空けて石塀を造ったのかしら。私のさらに父母の代の話だから、大昔ね。

アサミ　もしかしたら、子どもたちがここを通って、向こうの公園に行きやすくするためとか？

キクチさん　そうね、きっとそうだわ。それじゃあ、風邪を引かないようにね。

アサミ　はい、お騒がせしてすいません。

仲介業者は、儲けのためなら手段を選ばない

ストーリーにあるような「不動産仲介業者に任せていた物件が、約束していた額よりも安値で売りに出されていた！」という嘘みたいな話は、実際に起こっています。

私もその目撃者になったことがあります。

ある大手不動産会社の掲載情報に、どう考えても格安な物件があったので、飛びつかんばかりの勢いで問い合わせし、担当者から資料を受け取ったあと、現地へ向かいました。

現地を視察していたところ、「何をしているの？」と声を掛けてくる女性がいました。

「この物件がすごく安い価格で、買おうと思っていて」と資料を見せたところ、「え、こん

な価格で？　そんなの聞いてない！」と、なぜか私に怒鳴り声を上げてきたのです。

詳しい事情を尋ねてみると、女性はこの物件の売主だったのです。契約先と取り交わしていた額よりも、大幅なディスカウントで広告を作られていたというのですから、怒り心頭となるのも無理はありません。私から経緯を聞いた直後、担当者へ即座にクレームをつけていた様子でした。

実際の売買にまでは至っていないものの、売主にとってはまさに詐欺行為にでも遭ったような気分でしょう。私も、いわゆるおとり広告をつかまされて、無駄な時間を過ごすことになってしまいました。

このあと、その物件や売主がどうなったかは知りません。契約は破棄となったかもしれませんが、おそらく不動産業者は「事務の人間が数字を間違えて打ってしまった」などと弁解して、うまくごまかしたのではないでしょうか。さらには「契約した価格ですとほとんど連絡がきませんが、これだけの安値だとかなりの問い合わせがありました。ここまでの値下げはしないまでも、少し値下げをしてみてはいかがでしょうか」といかにも真っ当そうな理屈を並べて、値下げ交渉を仕掛けたかもしれません。うまく売主が納得すれば、「ワンツースリー」コースへ直行です。

アサミ　値下げに応じたら取引先の建設会社へ「値下げできました！」って報告に行くという、出来レースなのね。

家の精　黙って値下げとか。こんな誠意に欠けた行為をする仲介業者とは、即刻縁を切るべきだよ。

仮に百歩譲って、本当に数字の打ち間違いだったとしても、そんな初歩的で重大なミスを犯すところに、大事な不動産の売却を任せることなんてできません。今後も事あるごとにトラブルに見舞われる可能性も考えられるわけです。解約の方向で話を進めていくのがいいでしょう。

短期間でたくさんの業者と会うリスク

良い担当者と出会うために数社を渡り歩いて契約先を決めるのは、売主にとって重要な行動です。しかしだからといって、短期間でたくさんの業者に会うことはあまりお勧めできません。

私は1日1社をお勧めします。1社訪問するごとに条件を整理して、さまざまな角度から比較検討するだけの時間と心の余裕をもって、慎重に吟味しながら売却へのプロセスを進めていく必要があります。

不動産売却は一生に一度あるかどうかの大きなイベントですから「もう面倒だしここでいいや」「名前が知られているところに頼めば問題ないだろう」と、軽い気持ちでいい加減に選んだ業者と契約してはいけません。もっと高く売れるかもしれないチャンスを逃してしまいます。

しかし実際のところ、たくさんの業者を短期間で巡っていると心身が疲弊してきて、ストーリーの主人公のように「もうどうでもいいや」という気持ちになってしまうようです。日々のことをこなしながら仲介業者を探すのは、とても骨の折れる作業だと思います。しかし選択肢を一つ誤っただけで、何百万円あるいは何千万円規模の機会損失をしてしまうかもしれないのが、不動産売却です。業者から契約を急かされても、「考える時間をください」と言って、その場をしのげばいいのです。

アサミ　とはいえ、お金がすぐに必要だったり、面倒から早く解放されたいって感じたりして、テキトーに業者を決めちゃいたくなりそう……。

家の精　そうならないための秘訣もあるぞ！

急であっても急がない

不動産売却は、相続や税金対策などの経済的な事情に伴う急な出来事であったり、あるいは経験のないことでもあるため、焦りや不安をたくさん抱えながら進めていくことになります。

しかし「早く落ちつきたい」「楽になりたい」からといって、急いで売却先を決めないことが肝心です。常に冷静な気持ちで対処する心構えをもっておいてください。

アサミ　そんなこと言われても、初めてのことだらけで分からないし……平常な気持ちを保つことなんてできないよ。

家の精　だから事前に家族会議をしておくことがポイントなんだよ。

身内が不動産を所有していれば、いずれ売却する可能性がある。このことを日頃から視野に入れておき、適切なタイミングで話し合いの場を設ける心の準備をしておきましょう。

例えば、将来相続するかもしれない不動産があるのであれば、親族が集まった際などに「いずれ相続したときには、どういうふうにしようか」と話し合っておくようにしましょう。売却する計画を立てるのなら、誰がその役割を担うのかや、お互いどのようにしてサポートし合えるか、それぞれの役割や権限を決めておくのがベターです。

誰か一人に任せると、その人への負担が増えて不満となり、親族の間で亀裂が生じる原因となるかもしれません。もしくは勝手に売却の話を進めてしまったことによって、家族の間で争いに発展することもあるかもしれません。全員で計画を共有し、協力し合って進めていくことを大切にしましょう。

アサミ　私も事前に話し合っておけば、兄さんと揉めることもなかったのかなあ。

家の精　問題に直面してからあたふたするよりは、事前に準備しておくほうが何倍もマシだっただろうな。

さらに事前に準備しておきたいこととして、時間に余裕があるときでいいので、売却予定の不動産の相場をある程度把握しておくといいでしょう。近隣物件のチラシを集めたり、同じような間取りの近隣物件がいくらで売りに出されているかを定期的にチェックしたりしておくと、自分の不動産の適正価値を知る材料となります。

また、できれば家族や知り合いのなかに不動産関係の仕事に就いている、いざというときに相談に乗ってもらえる信頼できそうな人がいないか、見当をつけておくとなお安心です。

こういった準備がしっかりできていると、急に売却の必要性が出ても、慌てることなくスムーズに事を運ぶことができます。

アサミ　気持ち的には確かに安心だけど、例えば相続税の支払い期限が迫っていたりとか、すぐに現金が必要な場合、やっぱり慌てちゃいそう。

家の精　相続は予期せぬ出来事の一つ。みんな「早く現金化しなくちゃ」と慌てるもんだよな。そこが不動産仲介業者の狙い目で、格好のカモとされることもあるんだよなあ。

現金が急に必要な事態でも、広く選択肢を設けて冷静な対処をすることによって、売却を急がずに済みます。

例えば、「不動産を売って現金化しなくちゃ」という視点から「ほかの方法で一時的に現金を手にする方法はないだろうか」と視点を切り替えることができます。具体的には「金融機関から一時的に融資を受けて納税する」「親戚などから借りて納税する」「物納などほかの納税方法がないか税務署に相談する」といった方法が考えられます。

金融機関から借りると利子のリスクは無視できませんが、時間をかけて売却先を見つけることで、高値で売れて利子以上の見返りが得られるケースも考えられます。この辺は不動産の価値と売却プランをしっかりと見極めることができたうえで決断するべきなので、専門家のアドバイスは欠かせません。

高齢者を食い物にして荒稼ぎ

ある高齢の男性が、自宅の不動産を売却することに決めました。子どもは同居しておらず、妻は介護施設に入ることが決まり、一人暮らしするには広過ぎるし不便だと感じたからです。「売却金があれば自分も介護施設に入ることができるし、バリアフリーのマンションを借りるのもいいな」と思っての判断でした。

近所の不動産屋に相談したところ、担当者からは非常に前向きな返答が得られました。

「日当たり良好の土地なので、良い条件で売ることができますよ！」

担当者の営業文句に気を良くした男性は、その場で専任媒介契約を結んだのです。

ところが、そのあとに待っていたのは、「もう買手がつきましたよ！」といううれしい報告ではなく、担当者からのさらなる営業のオンパレードでした。

「少し家の造りが古いので、リフォームをしましょう。いい造園業者を知っていますよ」

「お庭もお手入れして見栄え良くしましょう。若い方がきっと買ってくれますから」

「家は何も置かれていない状態のほうが、内見も気軽に行っていただけます。余裕がおありでしたら、次のマンションに移られてはいかがですか。賃貸でもいいですが、買うのもいいかもしれません。いいお部屋をお探ししますよ」

これら担当者の「気遣い」は、もちろん営業の一環で儲けのためなのはいうまでもありません。リフォームや庭の手入れの斡旋は、不動産の価値を高めるためというのはうわべだけの話で、仲介業者が懇意にしているリフォーム会社や造園業者に依頼することで、各依頼先から紹介料を受け取っているのです。

売主からの仲介手数料と買主からの仲介手数料、両手から儲ける双方代理だけでなく、各リフォーム会社からのマージン、さらには引越し先探しの仲介料まで受け取り、仲介業者は一つの売却物件でおいしいところを総取りしようという魂胆です。

もちろんその結果、男性の不動産が期待以上の価格で売却でき、なおかつ理想に合った部屋に引っ越すことができればそれでいいわけですが、事情をよく知る私から見れば「リフォーム会社なんて、自分で依頼すればもっと安いのに」「そもそも最初から営業力の高い業者だったら、もっと早く高く売れたと思う」と、売主の不利益を感じずにはいられません。

もっとひどいと、内見に来てもなかなか売買成立まで至らず、業を煮やし、「いっそ解体して更地にするのもいいかもしれません。いい解体業者を知っていますよ」と持ちかけてくることもあります。こうなったら呆れるしかありません。仲介業者はノーリスクで丸儲け、立て続けの出費に泣くのは売主だけです。

このようなケースには高齢の方ほど引っかかりやすいようです。若い方はこのような営業を受けてもその場では受け入れません。インターネット上に情報が溢れているということもあり、「まず自分で探してみます」と冷静に対応する傾向にあります。

家の精　情報収集力が乏しく、判断力が低下傾向にあるお年寄りがターゲットにされやすいわけだな。

アサミ　若くても油断はできないわね。同年代の話しやすい担当者だと、つい気を許しちゃいそう。

もしあなたが高齢なのであれば、この点には十分に注意しましょう。身近にいる若い方にも協力を仰いで、冷静に「急であっても急がない」の精神で、売却までのプランを固めていくようにしましょう。

また、身近に高齢な方がいて不動産の売却を検討しているようであれば、事細かに支援する姿勢を大切にしてください。決して仲介業者の食い物にされぬよう、予防線をばっちり張り巡らせましょう。

無責任な体質はなぜ生まれるのか

ここまで不動産仲介業者のさまざまな悪質極まりない手口を紹介してきました。すべての業者がこのような手法を実践しているとは断言しませんが、業界に一定数、売主の利益を完全無視した営業を行う仲介業者は存在するので十分に警戒する必要があります。

そもそも、なぜこのような悪質な手口が当たり前のように蔓延しているのかというと、不動産業界の「特殊な性質」が関わっていることは間違いありません。

まず一つとして、「契約が成立して初めて儲けが出る商売」であるというビジネスモデルが要因となっています。

不動産は一つひとつの商品が高額であり、毎日のように売れるわけではなく、時間をかけて契約を獲得し、売上を出すのが基本の儲け方です。一つの契約成立が、会社の今後を大きく左右することも普通にあり得る世界なのです。

ですから彼らは血眼になって、なんとしても契約を取ろうと必死になります。時には契約のためなら手段を選ばず、グレーゾーン以上の、限りなく違法に近い手口も選ぶわけです。

不動産仲介業に従事する各社員の基本給は比較的低めに設定される傾向があり、契約が成立したらインセンティブ報酬が出るというのが、オーソドックスな給与体系です。ですから、やはり契約を取ってなんぼのワークスタイルであり、売主の前では悪いところをひた隠しにして、その背景では関係者と口裏を合わせて、契約を取ろうとします。

「成果主義への過剰な崇拝」という根本の体質が、売主を不利にする悪しき循環を生んでいます。

加えて、不動産は高い商品であるゆえに、顧客である売主にとって売買取引は一生に一度あるかどうかの体験です。当然、売主には知識がありません。したがって、経験と知識不足から、彼らが嘘をついているかどうかを見抜く力が備わっていません。

つまり、売主が問題に気づけないまま、仲介業者の思惑どおりに事が運んでしまっているケースが多々発生しています。時に問題が浮き彫りとなり、報道され、特定の不動産関連業者がやり玉に挙げられることもありますが、「氷山の一角だ」という批評はなされても、他社にまで対象を広げさらなる調査を行うまでには至っていません。どこかの段階で蓋をされ、何事もなかったかのように、また同じ手口は繰り返されてしまっています。

家の精　完全成果主義と、売主サイドの知識不足。大きくこの二つが、無責任な体質を生んでしまっているんだな。

アサミ　でもこれって……どうしようもないわよね。成果主義なのはビジネスだからって見方もできるし、売主側が知識ないのも仕方がないし。

家の精　そう。だからこそ、この悪循環を打破するため、新しいことを始める勢力の台頭が期待されているんだよ。

このような問題を解決する一つの手段として、制度の見直しがあります。

例えば業者が両手で稼ぐために躍起になる双方代理。これはアメリカでは「利益相反に該当」するため原則禁止となっています。日本でも不動産取引の双方代理を禁止するよう制度が見直されれば、不動産仲介業の問題が一つ、解消される一端となります。

制度の見直しによって、これまでは聖域化されていた不動産業界の闇の部分にメスが入れば、売主が大きな損失を被るようなケースは減っていくと予想されます。

アサミ　なんでこれまでほとんど制度の見直しなどがなかったのかしら。

家の精　それは政界と不動産業界の黒い癒着が……これ以上言うと俺の身が危ういから黙っておこう。

制度的な話はここまでとして、個人レベルではどういった対策ができるのかについても言及します。一言で言ってしまえば、「知識のある人を味方につける」ことが効果的です。

不動産鑑定士や税理士、あるいは建築関係の会社の人など、不動産業界に精通していて知識をもっている人に相談することで、理論武装ができ、仲介業者のいいようにされずに取引を進めていくことができます。現代では、専門の士業に就くプロたちが個人の不動産取引のアドバイザーとして、クライアントの利益が最大限になるようサポートするビジネスモデルも確立されつつあります。

不動産業界の閉鎖的な気質を改善する一番の治療法は、業界外の人間が切り込んでいき、新しいかたちのビジネスモデルを提案確立していくことにほかなりません。その一環として、不動産ではなく建設業界出身の私たちも、さまざまな方面から関わっていき、新しい風を吹かそうとしています。

最後にもう一度、念を押しておきます。

決して不動産仲介業者をあなたの味方と思ってはいけません。専任媒介契約を結んだ瞬間、仲介業者の思うようにしかなりませんし、売主が最大限の利益が得られる期待は限りなくゼロへ近づいてしまいます。

しかも仲介業者はほぼ素人の可能性が大ですから、売主の損益に関わることは詳しく説明しません。というか、知識がないので説明できません。「不動産売却」というゴールは同じでも、仲介業者は契約を取ることだけに必死であって、あなたの味方ではないと思って付き合うようにしてください。

第3章

不動産の「価値」を高めてから売る新発想

マイホームを手放したい上司

■課長の悩み

オダテル不動産との解約後、いくつか不動産屋さんを回ってみたものの、しっくり来るところとは出合えませんでした。不動産売却の目処が立たないまま、時間だけが過ぎていきました。

私としては、いまだに実家を売ることに前向きにはなれないのですが、兄から急かされている手前、嫌でも進めていかないといけません。もしこのまま売却がうまくいかず、しまいには兄に「出て行け」と言われてしまったら、実家を手放すことはもちろん、父母の遺してくれたものをいっさい受け継げないということも考えられます。そうならないためにも、どうにか現状打破の一策を見つけたいところなのですが、仕事に追われる日々がしばらく続いているのでした。

アサミ　　はぁ……。

（家のことで頭がいっぱいで、仕事が思うように進まないな……）

オガタ課長　ミツウラさん、ちょっと話があるんですけど、こっちへ来ていただいてもよろしいですか。

アサミ　あっ、はいっ！
（オガタ課長に呼ばれちゃった……。仕事へのモチベーションが下がってるの、バレちゃったかしら。オガタ課長、普段は物腰柔らかな人だけど、怒ると怖そう……）
話ってなんですか？

オガタ課長　ミツウラさん、最近あなた……。

アサミ　はいっ……。

オガタ課長　実家を売ろうとしているそうですね。

アサミ　はい？

オガタ課長　いえ実は、先日オフィスで話しているのが聞こえてしまいまして。申し訳ないと思ったんですけどね。不動産屋、信用できないところが多くて困っているとかって。

アサミ　ええ。そうですけど……？

オガタ課長　実は、私も今家を売ろうと思っていまして。

アサミ　え、なぜ……あっ！

オガタ課長　そう、最近私離婚することが決まりまして。妻とペアローンで買った家を、売ろうと思っているところだったんですよ。

アサミ　なんと言うか、その、課長も大変ですね……。

オガタ課長　実を言うと今もあまり仕事が手につかないくらいで。いや、ここだけの話ですよ。離婚の手続きもいろいろ煩雑で、参ってしまっています。

アサミ　お察しします……。

オガタ課長　それで少し相談といいますか、情報交換をしたいと思いまして。その後、どこかいい不動産屋さんは見つけられましたか？

アサミ　いやー実はかくかくしかじかで……。

オガタ課長　ミツウラさんもやはり苦労していましたか。家を売るって本当に骨が折れますよね。

アサミ　本当に。

オガタ課長　私も仕事が忙しくてなかなかいい不動産屋を見つけられず、途方に暮れていて。それで先日たまたま、離婚の相談をしている知り合いの弁護士さんにも打ち明けてみたんです。そうしましたらですね、その弁護士さんから「不動産の仲介業者さんではなく、不動産鑑定士さんとか税理士さんとか、その道の専門家に尋ねてみてはどうか」というアドバイスをもらいまして。

アサミ　……と言いますと？

オガタ課長　私も、不動産を売るならまず仲介業者とすっかり思い込んでいたんですが、なにもわざわざ仲介業者を挟まなくても売ることができるんですよね、家ってのは。極端な話、自分で買主さんを見つけて、あとは両者の間で契約とか手続きをしてくれる専門家の人がいれば、売買は成立するわけでして。

アサミ　ははあ。確かにそうですね。

オガタ課長　ですから弁護士さんの言うとおり、ちょっと不動産関連に強い士業の会社さんをあたってみようと思っていまして。

アサミ　考えもしませんでした。私も専門家さんを訪ねてみようかしら。

オガタ課長　妻との離婚が成立するまでに、不動産も決着をつけたいですからね。もし何かいいところが見つかったら、また教えてください。

■新たな選択

アサミ　というわけなのよ。

家の精　なるほどねえ。不動産の売買を扱っている会社ではなく、不動産に詳しいプロに直接聞くってことか。

アサミ　どう思う?

家の精　いいと思うな。不動産仲介業者は不動産の素人集団の可能性もあるけれど、そもそも法律とか税金に詳しいところなら、その道のプロしかいないわけだから。それに、不動産仲介業者は売買の代理業務で利益を得るわけだが、士業は的確なアドバイスを行った対価とか、取引契約の立会人になった報酬として収入を得ているんだろ。それなら責任をもって、売主や買主の利益を最優先に考えながら取り組んでくれるだろうから、信頼できそうだな。詳しく調べてみたらいいんじゃないか。

アサミ　そう思って仕事帰りにいろいろスマホで見てみたんだけど、けっこうあるのよ。不動産屋さんを挟まずに、士業関係の人たちが個人の不動産売却のサポートをしてくれるっていう会社が。

家の精　インターネットが普及した今だからこその商売だな。ちょっと前なら仲介業者を挟まないと、なかなかこういう専門家たちとは関われなかっただろうし、便利になったもんだ。

アサミ　いくつか見てみたら、無料で不動産の価値を判定してくれるところもあるみたいなのよ。

家の精　ふむふむ。おっ、ここなんか良さそうだな。不動産情報を入れれば、土地の売却方法をいろいろと検討してくれるみたいだ。不動産売却の専門チーム「ツクシマスマネジメント」。

アサミ　入れたらまた面倒な営業電話とか掛かってこないかしら。トラウマなのよねえ。

家の精　見た感じちゃんとしているところみたいだし、一括査定じゃなくこの会社に情報を登録するだけだから、大丈夫だろう。やってみなくちゃ前進できない。登録してみな。

アサミ　オーケー！

プロに直接相談するという選択

不動産仲介業者ではなく、不動産に詳しいその道のプロに直接相談するというのも、不動産売却の手立てとして有力です。

不動産関連というと、街角にあるような不動産屋にまず相談しないといけないのではないかと思いがちですが、そうともいえません。インターネットのなかった時代であればそれがベストだったかもしれませんが、誰でもどこでも簡単に情報を収集したり公開したりできる現代においては、不動産取引も仲介業者を通す必然性などないのです。

アサミ　「買い物」という行為自体、かつては商店まで足を運ぶのが主流だったけれど、今はインターネット注文で手軽に自宅まで届けてもらえる時代だもんね。

家の精　ネットでの買い物は、卸売店や販売店を通さないでメーカーや産地から直接買うことも可能だからな。仲介手数料を抑えられるというメリットが見込める。

アサミ　不動産の売買も同じなのね。直接不動産のプロに相談することができれば、コストを抑えながら、売却プランを立てられるのか。

厳密にいえば、不動産のプロに直接相談するというビジネスそのものは昔からずっと存在していました。不動産専門のコンサルタントです。

不動産の価値を正しく見極め、各種法的な手続きまで面倒を見てくれるたいへん貴重な存在です。売却の際には、不動産を欲しがっている最適な買主候補をリストアップし、不動産が売りに出されていることを彼らに知らせるための、最適な広告方法をも提案してくれます。不動産の売却を専門的な立場で1から10までサポートしてくれる、そんな頼りがいのある職業です。

彼らと仲介業者との圧倒的な違いは明確です。仲介業者は自身や関係取引先の利益優先なのに対して、コンサルタントは売主の完全なるパートナーであり、売主と協力し合って最大限の利益を出すことに力を尽くします。適切なアドバイスを行ったことへの対価報酬や、売却が成立した際に成立額の割合に応じた報酬を受け取ることで、生計を立てるのが基本スタイルとなっています。

彼らコンサルタントは以前から存在しているのですが専門業のため少数ですし、一人で一度にたくさんの顧客を相手にする物理的な余裕もありません。ですからこれまで彼らコンサルタントが表舞台に登場することはあまりありませんでした。

しかしインターネットの発達によって、これまでなかなか近づく機会のなかった専門家集団との距離が一気に近づきました。法人など組織の相談だけでなく、個人にも対応する専門家集団が増えているのが、ここ最近の傾向となっています。

彼らプロに直接頼るという選択肢は、現代では当たり前の方法の一つになりつつあります。「不動産を売るなら仲介業者」という固定観念を捨てて、広い視点で売り方を決めていくのが、売主が選ぶべき望ましいスタイルなのです。

自分の不動産の、いいところってなんだろう？

■プロの見解

不動産売却の専門チーム「ツクシマスマネジメント」に直接相談してみたところ、土地の価値を算定した報告書を作ってくれました。さっそく訪れ、詳しい話を聞いてみました。

アサミ　本日はよろしくお願いします。

イワサカ　ようこそお越しくださいました。私、宅地建物取引士兼税理士のイワサカと申します。

アサミ　不動産と税金のこと、両方にお詳しいということですね。

イワサカ　不動産売却のお手伝いに加えて、その前後に発生する税金のあれこれにもアドバイスさせていただいております。ほかにも当社には、保険に詳しい者や、相続に詳しい者もおりますので、売却の全プロセスをさまざまな方面から支えることができます。

アサミ　それは頼もしいです！

（いやいや冷静になれ……。「信用はし過ぎるな」って家の精に釘を刺されてきたんだから。少なくとも、今日の話だけで契約とか具体的な方針を決めるのはご法度ね）

イワサカ　先日当社よりお送りしました、ミツウラ様がおもちの不動産に関する資料、「不動産売却計画書」は読んでいただけましたでしょうか。

アサミ　はい、ひととおり確認しました。売るといっても、いろいろなパターンがあるんですね。

イワサカ　はい。ミツウラ様が以前お話しされていた仲介会社さんは、更地にして戸建住宅を建てる前提でプランニングしていましたが、土地の利用方法はそれだけではありません。計画書にも書かせていただいたとおり、投資用マンションを建てたり、もしくは建物をリフォームして利用したりと、さまざまなプランニングが考えられます。そして、ミツウラ様にとってどの選択肢が最もメリットが大きいかを考察しております。

アサミ　それで私の実家は……。

イワサカ　はい、計画書の内容を改めて順序立てて説明しますと、まず分譲マンションや商業ビルといった大型の建物には適さないと判断しました。

アサミ　静かな住宅街だから、確かにそれは厳しいですね。

イワサカ　ほかに、買主がリフォームすることを前提に売るという案も検討しました。この場合、更地にする必要はないので解体費用はかからないことになります。

アサミ　これだと不動産屋さんが提示していた額よりも高く売れるんですね。

イワサカ　はい、ミツウラ様のご自宅はまだまだ現役で利用していくことが可能と感じました。リフォームすることで価値を高めることができますので、中古住宅に魅力を感じる方に買っていただける可能性は高いと思います。

アサミ　解体費用が発生しないのはうれしいですね。ほかにはどんな売却方法が？

イワサカ　住宅をミツウラ様のご発注にて建設し、自身で売っていただくという方法も考えました。

アサミ　これはなんだか大変そう。でも、高く売れる可能性はあるんですね。

イワサカ　はい。しかし、建売住宅の費用は自身でご負担いただくことになりますし、建築から売却までの時間も相応にかかります。

アサミ　私には……向いてないかな。

イワサカ　現在のミツウラ様のご事情を勘案しますと、この選択肢は取れないかなと感じております。

アサミ　（こうやっていろいろな視点から、私の事情も踏まえつつ検討してくれる

のはありがたいな）

イワサカ　最後に検討しているのが、投資用賃貸アパートとして運用してもらうために売却する、という案ですね。

アサミ　投資用賃貸アパート……。

イワサカ　分譲マンションほどの大きなものではなく、例えば4から6部屋程度の、単身者向けやファミリー向けのアパートを建てる前提で、購入してもらうのです。

アサミ　これだと不動産屋さんの査定の2倍以上の売却価格が書いてありますけど……本当に可能なんですか？

イワサカ　あくまで概算ではありますが、この価格で売却できる見込みがあります。今回の計画書の作成にあたっては、こちらの案が最も高く売却できると判断できました。投資用なので、投資家や建築関係の業者に情報を提供することで、この額での買手候補が出てくる可能性はより高まります。

アサミ　そっか。オダテル不動産に依頼していたときは、個人や同業の不動産仲介業者に向けてしか発信していなかったから、２５００万円くらいの売却額だったけど、投資家さんや建設会社を買手候補として声を掛ければ、投資用のアパートを建てる前提で価格をつけてくれるのか。

イワサカ　こちらの価格は最寄駅やバス停への距離、近隣の公園や市役所といった公共施設へのアクセスのしやすさ、さらには最寄駅の利用者数や近隣の家賃相場など、さまざまなデータを駆使して算出した客観的なものとなります。信憑性はかなり高いと思いますよ。

アサミ　へえー、すごい。

イワサカ　あとはさらにミツウラ様の視点で、価値を付加することになります。

アサミ　私の視点で、ですか。

イワサカ　地域に根ざし、この土地に長く住んでいたからこそ、不動産の強みをご存知かと思います。今後、実際に販売に出す際の売り文句としてや、内見などで買主様に物件のことを知ってもらう際にミツウラ様視点での不動産の価値が活きてくるはずです。要するに、アピール材料を盛り込めるだけ盛り込んでおくことで、より高値で買いたいと思ってくださる方が出てくる期待も高まる、ということになります。

アサミ　なるほどー。

イワサカ　より高値で購入しようとする方ほど、不動産を大切に活用してくださるはずです。ミツウラ様にとっても、それはたいへん喜ばしいことではないでしょうか。

■実家の強み

アサミ　というわけだったのよ。

家の精　ふむ。聞いた感じとしては、信頼できるいいところっぽいな。不動産のプロってのに相談して正解だったな。

アサミ　売却計画書もちゃんと作り込まれているよね。

家の精　うむ。きちんと根拠は示せているし、無駄に盛っているところもなさそうだな。計画書にあるように、投資用に運用することを前提として、投資家や建設会社に売り込めば、この価格で売れることもあるのかもしれない。説得力はある。

アサミ　ただ問題は、売るのが私自身だということなのよね。

家の精　プロの人たちと協力して売っていくってことだな。まずはアピールポイントをまとめる。これは確かに大事だ。

アサミ　この土地のいいところかあ。

家の精　悩み過ぎるとかえって出てこないんじゃないか。些細なポイントでもいいと思うぞ。例えばうちの近くで利用者の多そうな施設を挙げていくとか。

アサミ　お洒落なカフェとかご飯屋さんとか、そういうのはないしなあ。商店街は駅のほうまで歩かないとないし。商業施設ができるのはだいぶ先だし。

家の精　今アサミが利用する場所じゃなくても、父さん母さんや、子どもの頃によく行っていたところとか。

アサミ　それなら公園ね。父さん母さんは散歩で毎日欠かさず行っていたし。私も子どもの頃は暗くなるまで友達と駆け回ってた。

家の精　すぐ近くに大きな公園があるのは武器になるな。

アサミ　その公園ってすごい広くて、フリーマーケットとかお祭りも盛大にやるから、けっこう人気スポットなのよね。アピール材料になるかしら。

家の精　そうだな。そうなるとやっぱり家族向けだな、ここは。この資料にあるように、家族向けのアパートが建てられるといいが。

アサミ　学校も近いし、家族向けがいいと思うわ。こうやって改めて自分の育った家や住んでいた場所のいいところを考えるって、なんだか新鮮。

■侵入者

家の精　おい。

アサミ　うーん……。

家の精　おーい。

アサミ　なによ。アピールポイントの書き出しで忙しいんだけど。

家の精　庭に誰かいる気配がするぞ。

アサミ　嘘でしょ!?

家の精　カーテン開けて見てみろよ。

アサミ　……本当だ、スーツを着た男の人がうろうろしてる。

家の精　泥棒とかではなさそうだな。

アサミ　どうしよう。放っておけばいいなくなるかしら。

家の精　甘いなあ。相手は不法侵入者だぞ。何してるんですかって聞いてみろ。
アサミ　嫌よ、あなたがやってよ。
家の精　俺は電話越しならアサミ以外の人とも対話できるが、直接は無理なんだよ。
アサミ　うーん……。
（危ない人ではなさそうだし、思い切って声掛けてみるか）
あのう、何をやっているんですか？
銀行員　あ、すいません！　お住まいの方がいるとは聞いてなくて。
アサミ　へ？　あなたは何者？
銀行員　こちら名刺です。
アサミ　え、銀行の方!?
銀行員　はい、このたびはミツウラタカシ様の融資の件で、担保物件を確認にまいりました。ご両親が生前住まわれていたご自宅と聞いておりまして、まだ住んでいる方がいるとは知りませんでした。たいへん申し訳ありません。
ミツウラタカシ様と本物件を相続し所有されている、妹さまでしょうか。
アサミ　そうですけど。融資って、兄は銀行にお金を借りているということですか？

銀行員　はい、詳しくは申し上げられない規則なのですが……。
アサミ　私、妹ですから！
銀行員　とはいえ……。
アサミ　不法侵入で警察を呼んでもいいんですけど？
銀行員　それは困ります……はい、ミツウラタカシ様は当行にてローンを組まれておりまして。その担保となっているのがこちらのご実家となっております。
アサミ　兄は借金を返していないんですか。
銀行員　そうですね。滞っております。実際に物件を当行が回収した際の運用について、検討のために本日調査に来た次第です。
アサミ　(銀行が行動に出るほどになっているなんて……兄さんどんだけ滞納しているのよ！)
ちなみにこの家、いくらで担保に入っているんですか？
銀行員　妹さまとの共有不動産というのは存じております。私どもが担保として押さえているのは、本物件の半分にあたる、８００万円にさせていただいております。

アサミ　８００万円って……二人分合わせたら１６００万円？　兄さんはこの土地を１６００万円と見積もったってこと？　安過ぎ！

銀行員　もうあと半年くらいすると、返済期限となりますので、こちらの家を担保として回収することになります。

■新たな課題

アサミ　兄さん、まさか実家を担保にしていたなんて。

家の精　しかも返済が滞ってるってことは……。

アサミ　兄さんにもいろいろ事情があるんだろうけど、はあ。ため息出ちゃう。

家の精　このまま半年、お金が集まらなければ、銀行に差し押さえられるのか。まあそれもそれか。そのほうが住み着くのにちょうどいい家が建つかもしれんしな。

アサミ　あなたはそれでいいかもしれないけれど、私は……実家が２０００万円にも満たない額で売られるなんて我慢ならない。不動産屋の査定では安くても２０００万円超えてたのに。

家の精　しょうがない。兄貴がその額で担保に入れちまったんだから。本人も、差し押さえられることなく返せると踏んでいたか、もしくは超急ぎでお金が欲しかったんだろうな。

アサミ　もし兄さんの持分が銀行に渡ったら……。

家の精　銀行とアサミとの共有状態。自由にこの不動産を丸ごと売ることができなくなるな。アサミもどこか別のところに自分の持分を売るか、もしくはこの銀行に買い取ってもらうか。

アサミ　そうなると絶対に想定よりも安くなっちゃうよね。

家の精　そういうことだな。

アサミ　はあ。頭痛の種が増えてしまった。

家の精　いずれにしろ、売却を急ぐ必要が出てきちまったな。次回のプロたちとの話し合いで、計画がスムーズに進められるといいな。

アサミ　（兄さんにも近いうちに借金のこと聞いてみないと……）

「売却」ではなく「土地利用」という視点をもつ

中古不動産は、「売り方」によって売却価格がかなり上下します。

「この不動産がどうしても欲しい！」という人が一人しか出てこなかったら、価格競争が生まれないため安い価格に落ちついてしまいます。

一方、「この不動産がどうしても欲しい！」という人が2人や3人、さらに10人いたらどうでしょうか。価格競争が生まれることで一気に価値が高まり、売却価格も自然と高額になっていきます。

要するに「どうしても欲しい」というニーズをどれだけ引き出せるかが、最終的な不動産の売却価格を決定づけるということです。

これにはまず、効率的な広告展開を仕掛けることが重要となるわけですが、費用面や委託先など十分に考慮する必要があり、また必ずしもたくさんのニーズを引き出せるとは限らないため、一定のリスクがつきまといます。

もう一つ、時間やお金などの負担をほとんどかけることなく、売主だからこそできる重要な「売り方」があります。

その売り方とは、売主の視点から物件の魅力・アピールポイントを思いつく限り羅列して、買主候補へ向けて発信することです。

ポイントとしては、そこに住む人がどんな生活を送ることができるのか、土地利用の側面から考えることです。「幼稚園と小学校が近いから子どものいる家庭に向いている」とか、「夜や休日は車の通りが少なく静かなので、喧騒が苦手な人にお勧め」といったように、そこで生活を営んできた人だからこそ見えてくる魅力をアピールすることが、新しいニーズを引き出す一つの材料となります。

家の精　もちろん、不動産関係者の専門的な視点も、アピールポイントにガンガン詰め込んでいこう。

アサミ　過去の事例や専門的知識をたくさん有している不動産のプロの視点と、不動産については素人だけど該当物件のことを誰よりも知っている売主の視点。二つの視点が合わされば、不動産に価値を感じてくれるニーズも倍増して、より高値のつく可能性が高まるのね。

不動産仲介業者に営業を委託する場合も、抽出した魅力・アピールポイントを資料としてまとめて、買主候補に渡してもらうよう頼む手段は有効です。少しでも高く売れる可能性が高まる方法の一つですから、不動産仲介業者も嫌がることはないでしょうし、拒まれるようなら仲介契約の条項に入れて確約してもらうという奥の手もあります。

不動産を探している人に対して、どれが最強のアピールポイントになるのか、売主にも不動産関係者にも分かりません。「コンビニまで徒歩10秒」が購入の決め手になるかもしれないですし、「バス停が家の目の前」や「春は自宅から満開の桜が見られる」に大きな魅力を感じてもらえるかもしれないのです。

一方で、不動産のプロの目線からは「車を2台停められる駐車場スペースを確保可能」や「1棟9室のワンルームマンションが建設可能」といった、専門的な立場からのアピール材料を引き出すことができます。これら専門的な知見による土地活用法を見て、建設会社が問い合わせすることも考えられ、一気に価値が高まる期待がもてるわけです。

売却のことばかり考えるよりも、まずは土地利用の側面から考えを展開していくことで、より満足のいく不動産売買が成し遂げられます。

不動産の真の価値を知ろう

不動産の「意外な利用方法」の提案によって、希望以上の価格で売買取引が成立した実例を紹介します。

この物件は、敷地面積はなかなかの広さで繁華街にも近かったのですが、立地的に住宅建設には適しておらず、買手を見つけるのに苦労しそうでした。

しかし詳しく調査をしてみると、周辺に大きな病院や飲食店などが多いことが特徴として判明し、「駐車場としての利用価値が高いのではないか」という結論を導き出すことができました。そこでパーキング事業関連に強い会社を買手候補に入れて営業をかけたところ、想定以上の高値で取引成立となりました。

次は逆のパターン、閑静な住宅街の例です。近隣の似たような物件の取引事例から概算の売却価格は分かっていたのですが、売主は時間をかけてでも相場以上の価格で売りたいという意向でした。

そこで土地の真の価値をさらに見出すための綿密な調査を実施した結果、この土地の周辺には医療施設が少なく、「個人の医院開業に適しているのではないか」という付加価値を見出すことができました。移転や開業を検討中の医師や、医療関係の会社に声をかけたところ、土地の価値に魅力を感じ、売主の希望額で手を挙げてくれる買主を見つけることが叶ったのです。

このような不動産の真の価値を見出す発想というのは、売主サイドだけではなかなかし得るものではありません。仮に発想できたとしても、不動産の情報をキャッチし、購入に踏み切ってくれる買手を呼び集める力がなければ、事例にあるような満足のいく取引は実現できないのです。

アサミ　確かに、私がいくら「この土地ってこんなにすごいんです！」ってアピールしても、その土地を必要としている人に声が届いていなければ高値で売ることなんてできないものね。

家の精　数々の取引を経験しているプロ集団は独自の人脈を開拓していて、不動産を欲しがってくれる層にダイレクトに不動産情報を提供するシステムを構築しているんだ。このメリットは計り知れないぞ。

プロ集団がそばにいることの心強さというのは、単なる知識や経験だけでなく、こういった「不動産の真の価値を見出し」「その価値を感じ取ってくれる層に情報を届けてくれる」といった点にも表れています。

売却プランニングの意義

これからの不動産売却のトレンドは、「まずはプランニングから始める」ことだと強く感じています。

従来の不動産売却の流れでは、不動産仲介業者に依頼し、査定書を出してもらうことがスタートラインでした。しかし不動産仲介業者が仕立てる査定書というのは、根拠に乏しいデータや都合のいい数字ばかりを並べて、見栄えだけご立派な陳腐で参考にならない内容になっていることがほとんどです。不動産のプロが見たら呆れてしまうような内容も多く、主観性がてんこ盛りです。

これからは、客観的なデータと多角的な視点に基づいて不動産の利用方法をまとめた「売却計画書」がものをいう時代へと移ろうとしています。

最寄駅の利用者数、近隣の家賃や不動産価格、新築や中古不動産の実際の取引事例、地盤の安全性を確かめるハザードマップに至るまで、不動産の価値を決定づけるデータをかき集めることが、情報社会の発展と技術開発によって可能となりました。

従来の査定書のような、都合のいいデータだけを集めるのではなく、すべての客観的要素を集積し、不動産の真の価値を算定し、さまざまな利用方法を吟味できることが、売却プランニングを行う強みです。加えて、士業関係者など専門家たちの協力を得ながらプランを洗練することができれば、売主にとって最大の利益がもたらされる売却が叶えられます。

家の精　売却プランニングを行って、売主と協力し合って売り方を決めていく事業スタイルは、今後も普及拡大していくだろうな。

アサミ　客観的なデータに基づいてプランが作られるのなら、売主が見栄えのいい査定書で騙されることもなくなるわね。

私が携わっている事業の「不動産売却計画書」を例にすると、作成にあたっては人の手を極力通さず、ＡＩ（人工知能）によるシミュレーションによって、データ第一主義のもとで不動産価格を算出しています。加えて相続や不動産、建築などの専門家集団

「チーム・ans（アンズ）」が、それぞれの視点と知識によって、物件の新しい付加価値を見出し、最終的な不動産の価格を、いくつかの検証例としてアウトプットしています。

こちらの不動産売却計画書では、主に次の5つの土地活用の視点から、不動産売却のプランニングを検証しています。

1　現状のままで売却
2　投資用賃貸マンション・分譲マンション・商業ビル
3　購入後に買主がリフォーム
4　建売住宅の建設を個人で行う
5　投資用賃貸アパートのための売却

アサミ　単に家を売るといっても、いろいろな方法が考えられるというわけね。私はてっきり「実家を売る＝更地にして新しい家を建てる」ものだと思い込んでた。

家の精　どの売却プランで進めていくかで、プレゼンの仕方や相手も決まっていくわけだな。

不動産のプロ集団だからこそできる売却プランニングがあります。このような計画書を作成し全面的にバックアップしてくれる組織こそが、健全な不動産売却を成し遂げてくれる信頼できるところだと私は考えます。

税金のプロが売却後の処理もサポート

税金や相続、保険のことなどについて、売主が最大限の恩恵を受けられるような頼もしいサポートがあるのは、士業のプロ集団に依頼することの大きなメリットです。

当社でも、これまでいくつもの不動産売却の支援を行ってきましたが、「不動産売却だけでなく、売却後までサポートしてもらえて助かった」という売主様からの声をよく頂きます。

不動産仲介業者に不動産売却を依頼すると、「不動産の売買が成立したら、はいこれで終了、その後のケアが皆無」というケースが普通です。

不動産売却後、不動産を譲渡した際に課される譲渡所得税が発生するのですが、これが売主にとって大きな負担となります。なるべく納税額が少なく済むよう、控除制度の利用や経費の計上を行うべきなのですが、知識に乏しい売主には困難な対応であり、そもそも煩雑な手続きに対応していく時間と心の余裕もありません。
たとえ不動産仲介業者が「売却後のケアも徹底しています！」と豪語していても、これら税金面での知識をもっているという期待は薄いです。正確には、知識があったとしても、アドバイスできないのです。なぜなら、彼らはその道の専門家ではないため、直接的な手助けをする資格を有していないからです。「○○といった方法があるので、専門家に相談されてみてはいかがでしょう」と提案するくらいが関の山なのです。

アサミ　その道のプロがいるチームに売却相談すれば、不動産売却につきものの税金や保険への対応も手伝ってもらえるのね。
家の精　いわばワンストップで、不動産売却のスタートからゴールまでをサポートしてもらえるわけだ。

例えば先ほども紹介した当社の「チーム・ans（アンズ）」にも、売主の負担が金銭的にも心身的にも軽減されるよう、税金関連の専門家をおいています。
ちなみに専門家が売買取引のサポートに携わっていることは、買主側にとっても大きなメリットとなります。一例として、不動産取得税について、買主にかかる負担を小さく抑えられるような売買取引の提案ができます。買主はこの点にも魅力を感じ、不動産売買に大きな価値を見出してもらえ、より早い決断で売買を成立させることが期待できるのです。

結局のところ、税金の専門家たちがそばにいることは、取引において絶大な安心感と信頼感をもたらし、事をスムーズに進める大きな要因となります。せいぜい5人に1人宅地建物取引士がいるだけの税金のことに疎い仲介業者では、絶対に実現することのできない充実したサポートです。

「売る」ために「買う」！

■使われていないスペース

今日はツクシマスマネジメントのイワサカさんと、売却プランをさらに詰めていく日です。ついに実家を売る適切な価格を決め、どのような段取りで売っていくのかを決める段階に入っていきます。

イワサカ　本日もよろしくお願いします。

アサミ　こちらこそよろしくお願いします。先日提案のあったアピールポイントをまとめてみたので、見てみてください。

イワサカ　ありがとうございます。拝見いたしますね……なるほどいいですね、確かにご近所の公園の広さを加味すると、やはりお子さまのいる家庭向けのアパートがふさわしいと感じますね。

アサミ　私が通っていた小学校も最近改修されて、すごくきれいになったんですよ。

イワサカ　そうでしたか、それはこちらも把握しておりませんでした。

アサミ　私も最近、アピール探しのために散歩していて知ったんですけどね。

イワサカ　ミツウラ様のご実家、ますます価値が上がりそうですね。……ただですね、一つ問題が出てきまして。

アサミ　問題？
(む……まさか、仲介業者みたいに何か営業される!?)

イワサカ　はい、あのあとさらに投資用アパートとして、どういった図面が引けるか専門の者と相談していたのですが。家族向けの広い間取りの建物となると、ミツウラ様の土地では厳しいところもありまして。

アサミ　無理なんですか！

イワサカ　無理ではないのですが、一部屋ごとの間取りが狭くなってしまい、ご家族向け住宅としての価値が高まらない可能性があります。あるいは部屋数を少なくすることもできますが、そうなると売却価格が目減りするのを覚悟しなければなりません。

アサミ　そうなんだ……。

イワサカ　お隣の土地との間にもう少しスペースが確保できれば、理想の建物が建てられるのですが……。

アサミ　あの、そのスペースってどのくらい……？

イワサカ　直線にして、おおよそ80センチ程度土地が広いといいですね。

アサミ　80センチかあ。本当に少しですね。

イワサカ　一つ対応策がありまして、お隣の方と相談し、お隣の方の土地の一部を買い取るというのがあります。ただその場合、十分な話し合いは不可欠です。御近所さんと仲が悪いと門前払いで、まったく話が進まないことも考えられますね。

アサミ　（キクチさんなら相談はしやすいけど……。売ってもらえるかしら）

イワサカ　現状で有効活用されていない、デッドスペースだと話はスムーズかもしれないのですが。

アサミ　……あっ！　あります、使っていないスペース！

■お隣さんとの交渉

アサミ　というわけなんですよ、キクチさん。

キクチさん　いきなりおうちに招かれて何かと思えば、まさかまさか、ご実家を手放されるなんて。

アサミ　すみません、何も相談していなくて。私自身、まだこの家を売るっていう現実感がなくて。

キクチさん　しかも新しくアパートが建つかもしれないなんて。

アサミ　家族向けの、一つひとつの部屋が広めのアパートを予定しています。

キクチさん　ちょっと寂しい気もするけど、新しいご家族が引っ越して来るのは、にぎやかになりそうね。

アサミ　解体とか工事とか、今後いろいろとご迷惑をおかけするかもしれません。

キクチさん　それは全然いいのよ。それで、私の家の石塀と、ミツウラさんの植え込みの間のスペースを、買いたいというのね。

アサミ　はい。まだ全然、完全に決まった話というわけでもないので、すぐに決断されなくて大丈夫ですので。あとお金についても、お互いに納得いくように調整させていただきますから。

キクチさん　……いいわ、売りましょう。

アサミ　えっ。

キクチさん　値段も、アサミちゃんが依頼している会社さんが算出した価格でいいわ。信頼できそうな会社さんなんでしょ。

家の精　おお、言ってみるもんだな!

アサミ　(ちょっと、静かにしてなさい)

家の精　大丈夫。俺の声は聞こえてないさ。

キクチさん　……?

アサミ　あ、すいません、本当に、そんなにすぐ決めていいんですか?

キクチさん　どうせ使っていないスペースだったんだもの。買い取ってもらえるなら私の老後の足しができるわけだし。ここが高く売れれば、アサミちゃんにとってもいいわけでしょう。

アサミ　そうですけど……。

キクチさん　いいのよ、私はミツウラさん一家にはたくさんお世話になったから。気にせずに話を進めてちょうだい。

アサミ　ありがとうございます！

キクチさん　アサミちゃんが引っ越ししちゃうのは悲しいけど、しばらく一人だったものねえ。もっと有効活用できる方法があるなら、きっとそのほうがこの土地にとってもいいことだわ。

アサミ　本当はもう少し時間をかけて決めていくつもりだったんですが、兄からも急かされていて。

キクチさん　こういうのは早いほうがいいわ。どんどん計画を進めていってちょうだいね。どんなご家族が引っ越して来るのか、今から楽しみだわ。

■課長の運用プラン

オガタ課長　では家族向けのアパートを建てることを前提に、売却先を見つけていくことになったんですね。

アサミ　はい、ツクシマスマネジメントさんを訪ねて以降、話がトントン拍子に進んで……まだ心の整理がついていなかったりするんですけどね。実家を売るっていうのがどうも現実味がなくて。

オガタ課長　買主さんもすでに見当がついているのですか。

アサミ　一応、ツクシマスマネジメントさんの知っているところでいくつか候補がいるみたいですが、イワサカさんいわく「オークションにかけることで、さらに高値で売れるかもしれない」ということで、プランを練ってもらっています。

オガタ課長　オークションですか。

アサミ　はい、私もまだ詳しくは把握していないので、次の打ち合わせのときに聞いてみようと思っています。

オガタ課長　そうですか。いい買主さんに出会えるといいですね。

アサミ　不動産のプロに相談してみたらどうですかって、課長が教えてくれたおかげです。本当に助かりました。課長のほうは、その後いかがですか。

オガタ課長　私もツクシマスマネジメントさんのところで計画書を作ってもらって。

アサミ　いくつかプランが出てきたんですね。

オガタ課長　はい。いろいろ吟味した結果、まだ比較的新しめのマンションということで、引き続き私が不動産を所有し、貸し出すことにしました。

アサミ　貸し出す……売らないことにしたんですね。

オガタ課長　ええ、むしろ離婚協議中の妻の持分を買い上げるかたちになりまして。全部自分の持ち物にしてから、不動産仲介業者に管理を依頼することになります。

アサミ　（そういう利用方法もあるのか。いろいろな運用方法があるんだなあ）

オガタ課長　ツクシマスマネジメントさんのコンサルもあって、うまく新しいローンも組めそうで。まずは私の引越し先も見つけないといけませんね。

アサミ　（最近の課長元気なかったけど……今は憑き物が落ちたかのように晴れやかな顔。きっと私も少しずつ売却プランがまとまってきて、表情に活気が

戻ってきてるんだろうな）

オガタ課長　せっかく買った家を他の人に貸し出すのは少し寂しい気もしますが、価値はそこまで下がっていないようですし、賃料も満足のいく価格になりそうでなによりです。

アサミ　おー不労所得ですね！

オガタ課長　ふふ、投資家への第一歩ですね。いずれ再婚することがあれば、このマンションに戻って来ることもできますし。少し未来に希望が見えてきましたよ。

アサミ　（不動産売却のプランを立てていくなかで、最終的に売らないっていう選択もできるわけなのか。仲介業者に売却の依頼をしていたら、私も、オガタ課長も、こういうかたちに決着することはなかっただろうな）

自分で地上げ!?

隣人の土地を自ら「地上げ」することで、土地の利用方法を拡充させ、不動産価値を高めるという必殺技が存在します。

地上げというと、なんだか難しそうなイメージかもしれません。確かに、まったく知らない業者から「ここに高速道路を建てるから退いてほしい」という地上げ話が突然舞い込んできたら、躊躇してしまうでしょう。しかし、見知った隣人からの「ほんの一部のスペースだけ買い取らせてほしい」という相談であれば、前向きに考えたくもなるのではないでしょうか。

円滑円満な交渉を達成するために必要なことは、「普段から隣人とは仲良くしておく」これに尽きます。騒音やゴミのことなどで普段から争いの絶えない間柄であれば、交渉すらままなりません。仮に交渉に至れたとしても、法外な買取価格を提示されてしまうことでしょう。

家の精　お互い納得できる価格で取引するために、普段からご近所さんとは仲良くしておくべきだな！

アサミ　将来土地のことで交渉するかどうかは別として、当たり前といえば当たり前だけどね。

さらなる奥の手として「隣人と一緒に売却する」という方法もあります。

単純に土地面積が倍増し、別々の状態だったら戸建てが建てられる程度だったところ、隣地と合体することで大きなマンションを建てる計画が立案できるようになるかもしれないのです。こうすることで、売却価格もアップするというケースは、決して珍しいものではありません。

最終的に「売らない」という決断も

売却するための計画を立てていたところ、「売るよりも資産として持ち続けるほうがお得」という結論に至ることもあります。

「今よりも数年後に売ったほうがさまざまな面で恩恵が大きい」ということも往々にしてあります。一例として、不動産の保有期間が「5年以内」か「5年超」かで、税率が倍近く違います。

半年後に売っていれば5年超扱いで、払う税金が半分くらいで済んだのに、不動産仲介業者に言われるがまま急ぎで売却してしまい損をした、というケースも実際に存在します。不動産仲介業者が税金に関して無知であったか、あるいは知っていたにもかかわらずいち早く利益を得たいがためにあえて教えなかったかのどちらかでしょう。このようなこともあり得ますから、やはり不動産売却の際は専門的な知識を有したプロのサポートは欠かせないのです。

ストーリーでも出てきたように、不動産を売るのではなく、資産の一つとして貸し出すという利用方法もあります。

ただ、これには税金や共有関係のことなどさまざまな問題が絡み合ってくるので、この場合も専門家の助言は不可欠です。売ることで利益を出すことしか考えていない不動産仲介業者からは、絶対に出てくることのないアイデアに出合えるかもしれません。

アサミ　自分が大家になるなんて考えもしなかったけど、選択肢としては十分あり得るのね。

家の精　住んでた実家をちょっとリフォームして、貸し出すっていう方法もあるからな。

アサミ　兄さんとの借金のこともあるから今回は選択肢になかったけど。広い視野でいろいろ考えて、みんなにとって最高の利用方法を考えることが大事ね。

「価値を上げ自分で売る」こともできる

時間に余裕があるなら、自分で建てて販売するという方法もあります。

厳密には、所有している土地を何区画かに分けて、毎年1棟ずつ家を建てて販売するのが正攻法です。建売販売は専門の資格がないとできない決まりとなっていますが、経験上年1回の取引ペースであれば事業とみなされず、問題なく売ることができるようです。ただしこの点は法律が複雑に絡んでくるところなので、専門家のアドバイスは欠かせません。「家を建てる資金なんてないよ」と思われるかもしれませんが、実はその心配はいりません。建築計画だけ立てて売るという方法もあります。予想計画図や価格などで申請し、売主指定の業者との間で建築工事請負契約を結ぶことを条件とした「建築条件付き土地」として売り出すことが可能なのです。

要するに、仲介業者を挟まずに建設業者とタッグを組んで販売する方式です。建売業者を挟まない分、価格を相場より安く設定できるので、仕上がりの予想図によっては、想像以上に人気を博すこともあります。

「自分で売る」というと、夏は大汗をかきながら、冬は寒さに震えながら、所有地の前で呼び込みをする営業員をイメージするかもしれません。もちろん自分で販売するのも不可能ではないですが、販売業者に「片手」の代理人として委託することもできます。

家の精　建設会社と協力して建築計画を立てて、「こんな家が建ちますよ、この土地いかがですか！」って売り込むわけだな。

アサミ　買う側にとっては、いろいろと手間が省かれているメリットがあるのね。気に入った設計になっていて、しかも相場より安かったら、買いたい人はたくさんいるかも。

とはいえこの方法は前述のとおり時間や根気が必要なものなので、建築関連に精通していたり、興味があったりしないと挑む気にはなれないかもしれません。しかし高く売るための方法としては非常に有効なので、一つの選択肢として覚えておくといいでしょう。

相続に伴う「税」に関するよくある失敗事例

ストーリーは相続で引き継いだ不動産を売るための必要最低限の手続きを中心に展開し

ています。
しかし実際の相続では、不動産だけでなく預金や有価証券といった、そのほかの金融資産との兼ね合いも考慮しながら、適切な相続手続きを行わなければいけません。相続のケースによっては実家以外に収益物件をもっていることもあるでしょう。

アサミ　相続した資産がたくさんあると相続税の節税対策も意識しないといけないわね。

家の精　相続税の申告期限は基本的に被相続人が死亡したことを知った日から10カ月。ちなみに基礎控除（２０２２年現在、３０００万円＋６００万円×法定相続人数）の範囲内であれば、課税の対象にはならないぞ。

アサミ　私の場合は相続人が兄さんと私の二人だから、相続した資産の合計が４２００万円以内なら、相続税の負担はないのね。

家の精　これから説明する特例なんかを使えば、相続した資産の評価額を減らすこともできる。つまりちゃんと事前に知識や専門家の協力を得られれば、課税額を減らすことができるってわけだ。

税金絡みの手続きというのは非常に面倒で、つい後回しにしてしまいがちです。

しかし後回しにし続けると、いざ相続税申告というときに「もっと早く対処していれば」と絶句してしまうような、思わぬ納税額が判明することも少なくありません。

そこで相続に伴う納税について、よくある失敗事例を交えながら、想定外の出費を避け上手な節税を実現するポイントについて解説します。

■失敗事例1　特例適用ができず相続税をたくさん払うことに

両親が亡くなり、財産を引き継ぐことになった二人の兄弟。相続した財産は、都内にある自宅（土地付き建物）と預金、そして有価証券等の金融資産である。住宅ローンなどの債務はほぼなしで、自宅には兄が親と住んでいた。

兄と弟がすべて半分ずつ相続することで遺産分割が確定し、自宅も兄弟の共有名義となった。

その後、相続税申告の手続きを行ったところ、兄弟で負担額に大きな差が生じてしまった。

兄は自宅に住み続けていたため「小規模宅地等の特例」を適用することができ、相続した土地の評価額を減らして申告することができた。一方の弟は別の場所に住んでいるため、弟の引き継いだ土地部分は特例が適用されず、兄よりも多額の相続税を納付することになってしまった。

アサミ　「小規模宅地等の特例」が適用されるかされないかで、相続税の納税額に大きな差ができちゃうのね。

家の精　相続税がらみで最も有名な特例の一つだな。適用されれば相続した土地の評価額を50から80％も減らすことができて、納税額が減ることになるぞ。今回は相続した自宅に住んでいた兄は適用の恩恵を受けることができたんだ。特例が適用されるケースはほかにもあるから、まあ税理士などの専門家に聞いてみるのが吉だな。

アサミ　このケースだと、弟さんはどうあがいても特例が受けられないのかしら？

家の精　特例は受けられないが、そもそもの「相続の仕方」を変えていればよかったんだ。

アサミ　というと？

家の精　この場合なら土地建物はすべて兄が相続して、弟の分はほかの財産で代償すべきだったってことだ。これなら土地建物はすべて特例適用されて、相続税を節約できた。

アサミ　なるほど。不動産以外にも金融資産を相続していて確実に相続税がかかるときは、この点に注意しないといけないわね。

■失敗事例2　相続税申告前にアパートを売却したことが裏目に

収益物件のアパート1棟を相続した。ほかに相続したのは預金や有価証券等の金融資産。債務はほぼなし。相続人たちでどのように分けるか検討中に「アパートを売却するのはどうか」という案が出た。今後の管理運営なども加味した結果、売却して現金化したほうがいいと判断した。相続税申告期限前に売却を実施した。

その結果、土地に関する「小規模宅地等の特例」が適用されず、相続人たちは多額の相続税の納付をすることになってしまった。

アサミ　これも「小規模宅地等の特例」の適用に関するケースね。

家の精　一つ前のは自宅用に関する特例だったが、今回は貸付用。収益を得るために所有していた物件も、一定の要件を満たしていれば特例が適用されるんだ。

アサミ　収益物件であるアパートを相続税申告前に売って現金化しちゃったから、特例が適用できなかったのね。

家の精　うむ。相続税申告期限（申告期限の延長があった場合は延長日）まで保有してから売却を実施していれば、必要以上の相続税を負担することはなかったな。ちなみに売買契約の成立自体が相続税申告期限前でも、売却実施が申告期限後であれば、特例は適用されるぞ。

アサミ　私の場合は収益物件を相続してないから縁のない話だけど。該当する人は覚えておいて損はないわね。

■失敗事例３　譲渡所得税の落とし穴

相続手続きが完了し、複数棟の不動産を相続したが、管理運営の面で長期保有はしないことを決定し、不動産売却の手続きを不動産仲介業者に一任した。不動産仲介業者は含み損のある不動産をまず売却、時間をおいて次年度に含み益のある不動産を売却した。

その結果、依頼主である相続人は、その年度で思わぬ譲渡所得税を納付する必要が出てしまった。

アサミ　今度は相続税ではなく譲渡所得税の話ね。

家の精　仲介業者に売却手続きを丸投げして、違う年度に不動産を売却してしまったことが運の尽きだな。含み益の不動産を売却した分の譲渡所得税をきっちり負担することになってしまった。

アサミ　じゃあ、どうすれば節税効果が得られたの？

家の精　どっちの不動産も同一年度で売っていればよかったのさ。仮に含み損の不動産売却でマイナス100万円、含み益のほうがプラス100万円だったら、損益通算でプラマイゼロ。譲渡所得税を納付する必要がなくなるってわけだ。

アサミ　年度内に売却したのが含み益の不動産だけだと、売却益が丸ごと譲渡所得税の対象になっちゃうのか。

家の精　ちなみに譲渡所得税はほかの所得との損益通算ができない。土地建物同士や株式同士の売却は譲渡所得に含まれるから、それぞれで損益通算できるが、事業所得とか山林所得などの譲渡所得は損益通算できないぞ。

■失敗事例4　「親子だから」とお金のやり取りをしないでいると……

親の保有する土地に収益物件を建築し不動産事業を営んでいた長男。親子の関係なので地代のやり取りはしていなかった。

親が亡くなり土地を相続することになった。親の保有だった土地は「評価減なし」の自用地評価となってしまったため、多額の相続税納付が発生してしまった。

家の精　「親子だから」という理由から土地利用に関するお金のやり取りをしていなかったら、相続時に思わぬ納税額を負担することになったケースだな。

アサミ　この場合は、事前に親子の間でも地代のやり取りをしていれば、こんなことにはならなかったということね。

家の精　地代として子から親へお金を払っていれば、「評価減あり」の貸宅地評価となり、相続税納付が少なく済んだだろうな。

■失敗事例5　収益物件の盲点

親が亡くなり収益物件のアパート1棟を相続。管理運営は親と管理会社が実施していたため、その詳細について相続人はまったく把握していなかった。

相続時点で貸付割合が60％になっていた。そのため土地の価値が想定よりも高く評価されてしまい、多額の相続税納付が発生してしまった。

家の精　「貸付割合」というのは収益物件の使用率みたいなもので、この場合はアパートだから要するに入居率ってことになるな。

アサミ　入居率が１００％の満室だったら、相続時の土地の価値がもっと低い評価になって、相続税の納付額も少なくて済んだのね。

家の精　事前にリフォームや営業活動に力を入れて入居を確保するとか、もしくは売却も視野に入れておけば、こんな失敗はやらかさなかっただろうな。

■失敗事例6　取得価格が不明なため多額の納付をすることに

自宅用の土地建物を相続したが、引き続き自宅として使用する意向はないため売却を検討する。しかし購入時や建築時にかかった費用の資料が残っていないため、土地建物の正確な価値は分からなかった。そこで不動産の「譲渡所得の特例」を適用し、売却価格の5%を取得価格として申告。売却益の約95%相当が課税対象となってしまった。

あとになって謄本等を確認したところ、抵当権の設定金額から土地の取得価格や建物購入額を推測することができた。これを基にして取得価格を申告していれば、課税対象となるのは売却益の50%程度にとどめることができただろう。

アサミ　土地建物の取得価格が分からなかったせいで、負担額が増えちゃったのね。

家の精　事例のように謄本はもちろん、当時のパンフレットや不動産のチラシ、購入時のメモや通帳の出金記録なんかがあると、取得価格を推測できるぞ。こういった事前の準備をしておかないと、事例のように特例が適用されて、多額の納税が必要となることもある。気をつけないとな。

■失敗事例7　書類どおりに申告したら損する羽目に

先祖代々の土地を相続したが、使用しないため売却を検討。取得時の書類は保存されており、大正時代だったので１００円（現在の価値でおよそ1億円）の購入額だった。売却価格は1億円、取得価格１００円を経費に計上して申告し納税を行った。

アサミ　真っ当な納税だと思うけど、これも失敗例なの？

家の精　経費を取得価格に該当する１００円にしたのが失敗だな。さっきも出てきた「譲渡所得の特例」を適用して、売却価格の５％で申告していれば、１億円の５％で５００万円の経費計上ができたことになる。納税額が減らせたんだよ。

アサミ　なるほど。一つ前は特例を適用したことで損をしたけど、今回のケースは適用したほうがお得だったということね。

以上はあくまでよくあるケースで、ほかにも節税効果を得られる方策はたくさんあります。相続税が発生する際は、きちんと専門家に依頼することを推奨します。依頼に伴う手数料はかかりますが、そのほうが結果的に大きな節約につながることでしょう。

［第4章］

不動産をさらに高く売るために

不動産オークション、スタート!

■実家出品

お隣のキクチさんとの交渉は滞りなくまとまり、いよいよ不動産売却も大詰めとなりました。オークションにかければさらに想定以上の価格で売れるかもしれない、との話ですが、本当にうまくいくのかどうか、心配は尽きません。ツクシマスマネジメントさんにオークションについて深く尋ねてみることにしました。

イワサカ　無事に土地の利用方法が決まりましたので、次はいよいよ売却の具体的な方法についてですね。

アサミ　オークションがいいかもしれないということですが、詳しく教えてくれませんか。

イワサカ　オークションでは、不動産に興味をもった買手候補に入札してもらいます。最高価格をつけた方が落札し、ミツウラ様と売買契約を結ぶことになります。その際にまたミツウラ様にはお手続きに参加いただくことになりますが、それまでの工程はオークション運営サイドが担当しますので、ミツウラ様のお手をわずらわすことはありません。

アサミ　オークションって……どこでやるんですか。

イワサカ　当社関連会社の運営しているオークションプラットフォームのサイトにて、不動産情報を掲載し、入札期間を設けて、入札してもらいます。

アサミ　そっかインターネット上でやるのか。オークションっていうと、一つの会場に集まってみんなで「１００万円！」「こっちは２００万円だ！」って声を張り合って競り上げていくイメージでした。

イワサカ　すでに買手候補となりそうな投資家さんや建設業者さん宛に不動産売却計画書を提出しています。いくつか問い合わせがきているので、実際にオークションが開催されたら盛んに入札がかかるかもしれませんよ。楽しみですね。

アサミ　(なるほど、私もインターネットのオークションで買い物したりするけど、不動産もこうやってネットオークションで取引すればいいわけか)

イワサカ　入札期間は３週間程度を見込んでいます。最低落札価格を設けていますので、こちらの希望額以下で売却となってしまうようなことはありません。ご安心ください。ちなみにオークションの形式は、少しずつ入札価格が上がっていくタイプではなく、全員に1回だけ入札してもらい、最も高額だった入札者が落札、という形式です。この競売形式によって、スピーディーかつ高値での取引を実現します。

アサミ　なるほど売主にとってもいいことずくめですね。なんでこれまでなかったんだろ不動産オークション。

イワサカ　不動産オークション自体は、実は昔からあったんです。しかしさまざまな買主候補に声を掛ける手間がありますし、法律面でも多くの手続きがあり、ハードルの高いものになっていました。結局は仲介業者に販売を委託するのが売主にとって最も低負担だったわけです。

アサミ　インターネットがある現代だからこそ、栄えてきたわけですね。プロの方に相談できたり、オークションプラットフォームがあったりするから、私たちみたいな個人でも、業者さん相手に販売できるんですね。

■兄との電話

家の精　なるほどなー、不動産オークションか。いちばん高い価格で買ってくれる人のもとに渡るってことは、いちばん欲しがっていた大事にしてくれそうな人のところへ所有権が渡るんだから、俺としても願ったり叶ったりだ。

アサミ　もうアピールポイントもまとめられたし、キクチさんとの土地の件も向こうに任せていいみたいだし、私はオークションが開始されて無事落札されるのを待つだけね。ようやく負担が軽くなってきた。

プルルルプルルル。

アサミ　あら、兄さんから電話だわ。

家の精　お。借金兄貴か。

アサミ　もしもし。

兄　どうだその後、不動産のほうは。

アサミ　実はかくかくしかじかで……。

兄　なに、オークション!?　聞いてないぞ！

アサミ　（そうくると思った……）

うん、でもそれがいちばん高値で売れそうだし。相談しているツクシマスマネジメントさんも、みんな法律のことや税金のことに詳しくて信頼できそうだから、この土地を悪いようにはされないと思うの。

兄　しかし出品したり、入札者を集めたり、時間がかかるんじゃないのか。

アサミ　そんなこともないみたいなのよ。インターネット上でオークションにかけるし、買手さんはすでにリストアップできているんだって。入札期間は3週間程度って話よ。

兄　確かにその期間で決着するならいいが……もし買手がつかなかったらどうするんだ。振り出しだぞ！

アサミ　いちいち声を荒らげないでよ。そんなに慌てなくてもいいじゃない！

兄　いや……別に慌ててるわけじゃないが。

アサミ　……兄さん。借金の返済が迫っているんでしょ。

兄　う……なぜそれを。

アサミ　この前うちに担保の下見に来たわよ、銀行の人が。１６００万円ってずいぶんと安いじゃない！

兄　そうか……。どうしても現金が必要だったんでな。

アサミ　もしこのまま担保として銀行に所有権が移ったら、今度は私と銀行の共有状態じゃない。さらに面倒なことになるわ。

兄　だからこそ、なんとか売却まで漕ぎ着けてほしいんだよ。

アサミ　（そんなに焦っているなら自分でやればいいじゃない。って言ったら「仕事が忙しいんだよ」「俺には家族がいるから」って怒鳴るんだろうなあ。
ここは心を穏やかにして……）
分かってるわ。兄さんのためじゃないわ。義姉さんやかわいい甥っ子姪っ子、そして天国の父さんや母さんのためよ。約束どおり売却してみせる、兄さんの期待以上の額でね。

兄　ああ、頼むよ。それじゃ。

家の精　ふーん。また口論になると思ったら、すんなり引き下がったな。

アサミ　うろたえているのが電話越しでも分かったからね。ああいうときの兄さんに文句言っても、余計弱らせるだけだから。

家の精　さすが兄妹だな。よく分かってる。

アサミ　それに、最近家のことあれこれ考えたり、周辺の散策をよくしたりしてたら、子どもの頃のことを思い出す機会が多くなって。私泣き虫で、兄さんによく助けてもらったなって。進学のときは勉強も教えてもらったし。そしたらなんか、今回は私が兄さんを助ける気持ちでやるべきかも、って思えてきたのよ。

家の精　ふーん、恩返しの気持ちか。

アサミ　まだ実家を売ることに抵抗感はあるけどね。それがみんなにとっていい方向に向かうのなら、それでいいかなって。

家の精　ああ、そうだな。いい買主に落札してもらえよ。

アサミ　そうね。さて、オークションのことはプロの方々に任せて、私は自分の引越し先探しに本腰入れよっと。

やり取りが目で見える不動産オークション

従来の不動産仲介業者を介した取引のどこが悪かったかといえば、「裏側で何が起きているのか分からない」ことでした。不動産仲介業者の悪質極まる手口や業界の闇の部分については、すでにいくつか触れてきましたが、これらが当たり前のようにはびこってしまっているのは、不動産仲介業者優位で売主側が常に劣勢に立たされる、歪んだパワーバランスが定常化していたためです。

売主は不動産の素人ですから、あらゆる業務を業者に委託するしかありません。売主サイドが「どういうかたちで売っているのか詳しく報告してほしい」と言おうものなら、「企業秘密なところもあるので」「スムーズに進めるためにも、こちらに任せてください」などと返されるのが関の山です。売主の心理としては「これ以上深く詮索しても、印象を悪くするだけ。早く高く売ってもらうためにも、全部委ねてしまおう」となるでしょう。仲介業者にとっては客の立場であるはずなのに、売主が劣勢となり遠慮しなければいけない風潮がありました。そしてそのようなパワーバランスが、これまで紹介したさまざまなトラブルを巻き起こしているわけです。

仲介業者が裏で建設会社やリフォーム会社と組んで、売主にリスクを背負わせて売買取引を成立させようと目論んでいても、売主側は知るよしもないわけです。

家の精　例えば「提示価格よりも高く買いたい」という問い合わせが仲介業者に来たとき、双方代理で稼ぎたいという理由から「すでに決まってしまいまして」と断るような悪質な行為をしていても、売主側が把握することはできないのが現状だ。

アサミ　私の不動産も、いったいどれだけ問い合わせがあったのか、結局教えてもらえないままだったものね。

このような売主サイドの不満や疑問を解消してくれる解決策の一つとして提案したいのが、本書のメインテーマの一つとなる不動産オークションです。

オークションのやり取りはすべて公開されますので、「裏側で何が起きているのか分からない」という事態を防ぐことができます。

売主と買主の利益を最大限にする

オークションは取引の透明性を高めるだけでなく、売主と買主の利益を最大限にまで高めてくれる点においても優れているといえます。オークションというと、富裕層の人たちが集って高価なものを競り合うという、いうなればお金持ちのたしなみといったイメージがあったかもしれませんが、近年はまったく違います。

例えばインターネット上で競売を行える「ヤフオク！（ヤフーオークション）」であれば所有している不要なものを気軽に出品でき、インターネット上でユーザーに競ってもらうことで適正な価格まで引き上がり、希望額以上での取引を可能にします。

これがもし、売手が中古屋へもって行って買い取ってもらい、それを中古屋に来た買手が買うという形式だとしたら、中古屋を経由した分の手数料や、いちいち店舗へ足を運ぶ手間が生まれてきます。

まとめると、インターネットの活性化によるオークション事業の発展によって、売主と買主が納得のいく価格で取引することが容易になりました。加えて、売主は簡単に出品することができるようになりましたし、買主も時間や場所を問わずオークションに参加できるようにもなりました。結果、オークション参加に名乗りを上げる層は増加の一途をたどっており、売主にとってはより高値で販売できる期待がもて、買主にとってはより欲しいものを発掘できるようになっています。

もちろん、オークションの場を提供しているところへ多少の手数料を払うことにはなりますが、さまざまな煩雑な手続きが取っ払われ、自宅からスマホやパソコンで簡単にオークションに参加できるようになった現在の環境は、不動産の新しい売買方式提案のうえで追い風といえます。というより、オークションほど現代にマッチした不動産取引はないのではないかというくらいです。

家の精　これまで買手というのは、欲しい不動産を見つけるために、不動産屋を巡ったり、あるいは街中を隅々まで探したりするような手間を割いていた。インターネットのおかげでその手間が省けるわけだから、より一層、不動産の購入資金に予算を充てられるという見方もあるわけだな。つまり、買手にとっては、欲しいと感じた不動産を想定の範囲内の価格で手に入れられる可能性が高まる。

アサミ　売主側にとっては売却価格が上がる期待がもてるんだから、これ以上のメリットはないわね。

以上のような要因から、売主と買主の利益を同時に最大限にする意味で、これからの時代は不動産オークションがより主流となっていくと私は見込んでいます。

入札方式でどこよりも高く買ってくれるところへ

当社で運営しているオークションプラットフォームを例にして、オークションのシステムと利点についてさらに詳しく説明しましょう。

当社のオークションプラットフォームにおける入札の方式は、1回限りの入札とし、最も高値をつけたところが落札する仕組みとなっています。

家の精　「私は１００万円」「じゃあ俺は３００万円」「それならこっちは３１０万円」というように、刻一刻と競り合っていくスタイルもあるが、ここは一発入札を採用しているんだな。

アサミ　一回限りの入札なら、短期間で売却価格と売却先が決まるわね。

不動産に関する情報はすべて開示され、買主は皆平等に入札に参加することができます。また入札結果の発表は弁護士立ち会いとし、公正公平を厳守しています。売主も買主もどちらにも不利のない、極めて正当な取引を成し遂げることができるのです。

さらに、買主候補を投資家や業者に絞っている点も、当社オークションプラットフォームならではの強みとなっています。

個人に対してのオークションの場合、高値で落札されたとしても、実は安心できません。その後の手続きで、例えば買主のローンの許可が下りなかったためにキャンセル、という例も少なくないのです。この点、投資家や業者が相手であればそのようなリスクは極めて低いので、落札から売買取引成立までスムーズに進めていくことができます。

オークションで際立つ売却計画書の効能

当社では、オークションでより多くの買手候補に不動産の価値を見出してもらい、より高い価格で入札をしてもらうため、不動産売却計画書を活用しています。

不動産売却計画書は、不動産に関して知識の乏しい売主に「こんな売り方がありますよ」「最も高い土地利用はこれですよ」といった検証結果と選択肢を伝えることが第一の目的です。

買手候補にも不動産購入計画書を提出することで、不動産利用の検討時間の短縮を実現しています。こうすることで、不動産への価値を感じてもらえる入札者を増やすことができ、売却価格をより引き上げることができるのです。

つまり、オークションにおける不動産売却計画書は、いわば加速装置のようなもので、「社内で慎重に検討しないと」「慎重に価値を計算してから決めたい」といった、組織ならではのしがらみからなにかと腰が重たい業者に、決断力とスピード感を与えるプラス材料となるわけです。

これまで当社では、買手候補となる投資家や建設関連の業者と、不動産オークションでの取引を何度も経験してきました。この不動産売却計画書があるからこそ、オークションに参加する買手候補が続々と見つかっており、関係を続けることが叶っています。

建設業界関係者も一目置くほどに、専門家が作成する不動産売却計画書には説得力があり、彼らの背中を強く押すことができているということです。

アサミ　不動産売却計画書は、不動産に素人な私たち売主だけでなく、不動産に興味をもってくれている買主さんにも役立つのね。

家の精　買手候補それぞれが不動産の価値を算定する手間が省けるというのは大きいな。

買主候補工務店の内見

■内見シミュレーション

実家が不動産オークションに出品されることが決定し、ツクシマスマネジメントさん主導のもと、情報が掲載され、買手候補となる投資家さんや建設関連の業者さんにもオークションへの参加が呼び掛けられました。オークション開催を待つ身だったある日、ツクシマスマネジメントさんから連絡が入りました。

アサミ　買手候補さんが内見に?

イワサカ　はい。解体費用の見積もりや、土地の詳細な形状などを確認するために「ぜひ一度内見にうかがいたい」とのことでした。

アサミ　いつ頃に？

イワサカ　「早ければ明日にでも」と。

アサミ　明日!?

（引越しの整理で段ボールだらけなんですけどー）

イワサカ　すぐに折り返しお返事したいと思っているのですが、いかがいたしましょうか。

アサミ　（明日なんて唐突過ぎて……でもちょうど休みで予定はないし、買手候補さんにはいい印象与えておいたほうがいいだろうしなあ）

……分かりました、大丈夫です。ぜひ内見にお越しください、とお伝えください。

イワサカ　承知しました。ありがとうございました。それでは失礼いたします。

アサミ　どうしよう。明日、買手候補さんが内見に来るって。

家の精　ほーう。盛況のようでなによりだね。

アサミ　でも、引越しの準備で部屋の中荒れ放題だし。ちょっと片付けておくかな。

家の精　どうせこの建物は取り壊す予定なんだろうし、内装は詳しく見ないだろ。

アサミ　あ、そっか。とはいえ、お茶とかは出したほうがいいよね。リビングだけでもきれいにしとこう。

家の精　確かにこちらの印象は良くしておいたほうがいいよな。内見に来るのは建設関係の業者だろう？

アサミ　工務店さんって言ってたな。

家の精　それならプロの目で見られるから、きちんとこちらも商談相手として対応しないとな。

アサミ　商談って。そういうのはツクシマスマネジメントさんに任せてるわけだし……。

家の精　甘いなあ。普通の内見みたいに仲介業者が付き添ってくれるわけじゃないから、うちらでこの土地を売り込まないといけないんだぞ。

アサミ　確かにそうね。

家の精　おそらく向こうは、うちのマイナスポイントを突いてこようとするはずだ。例えば向かいの建物が高いから日当たりが微妙だとか、庭の桜は年季が入っているから、撤去に想定以上の費用がかかるかもしれないとか。資料には書かれていなかった細かいところを突っついてくるだろう。

アサミ　ならこっちはアピールポイントをガンガン提示して対抗するしかないわね。大きい公園が近いとか、駅からも徒歩10分以内とか。

家の精　相変わらず甘い。アピールポイントならすでにこちらが資料として提示している。だから改めてアピールしたところで意味がないんだよ。

アサミ　そういえばそうだったわ……どうしよう。

家の精　マイナスポイントはマイナスポイントとして、ありのままを伝えることだな。嘘をつくのがいちばんまずい。あとはマイナスを打ち消せる対抗策を用意しておくのもいいぞ。

アサミ　例えばどんなふうに？

家の精　日当たりについてなら、南西側は確かに高い建物があるけど、南東方面は日差しがしっかり差し込んでくることをアピールすればいい。

アサミ　ふむふむ。庭の桜について聞かれたら？

家の精　そうだな……撤去の必要があるなら、費用の負担をどうするべきかを、きちんと交渉する必要があるな。こちら負担で先に撤去をしてしまうということをできるからな。そういう交渉をすることで、買手が入札に積極的になってくれるかもしれない。

アサミ　確かにそうねえ……。

家の精　なんか不服そうだな。

アサミ　できれば桜は撤去したくないなあ、って。あの木、小さい頃よく登ったりしていた、思い出のある木だから。なくしちゃうのはちょっと寂しいなって。

家の精　……。

アサミ　高いところまで登れて喜んでた私が滑って落ちそうになったとき、枝と枝の間にちょうど挟まって間一髪なんてこともあったな。母さんが「木が助けてくれたのよ」って。そういう思い出もあって、なんだか家族みたいな存在なんだよなあ。

家の精　……。

アサミ　ここへ引っ越してくる前からあった木だって、父さんが言ってたっけ。たぶんかなり古いものなんだと思う。だから、この家はなくなっても、あの木は残しておきたいな。

家の精　甘いなあ。そんなことばかり言っていたら、いい買手がつかんぞ。

アサミ　そうかもしれないけど。譲れないところは、きちんと言うべきだよね。

家の精　……それはそうだな。売る側だからって、弱気になる必要はない。対等な関係で行うべきだ。

■買主の懸念と売主の主張

翌日、買主候補の工務店の業者さん数人が内見に訪れました。

工務店　本日は突然の訪問、失礼しました。

アサミ　いえいえ、購入を検討してくださっているとのことで、本日はどうぞよろしくお願いします。

工務店　ではさっそくいろいろ確認させていただきますね。

アサミ　はい、どうぞ。

工務店　建物は木造の一般的なものですね。解体費用は事前に頂いている資料のと

おりでほぼ間違いはなさそうです。水回りや電気など、設備を確認したい
ので外を見て回ってきますね。写真も撮らせてください。

アサミ　はい！

（よかった、感じのいい人で。もっと怖い人で、なんでもかんでもイチャモンつけてくる人だったらどうしようかと思ったわ）

家の精　甘いなあ。まだ分からないぞ、突然豹変して、どんなきついことを指摘してくるか分からん。

アサミ　（予習が活かせるといいけど……）

数分後、担当者は神妙な面持ちで戻ってきました。

家の精　ほらあの顔。なんか文句言ってくるぞ。

工務店　ありがとうございました……だいたい分かりました。

アサミ　どうですか。売却計画書どおりの価値は感じられましたか？

工務店　うーん。そうですね、詳細なところは持ち帰って社内で検討しないとはっ

きり申し上げられませんが。

アサミ　(何か不満がありそうな反応……)

工務店　そういえば車でこちらへ向かう途中に思ったのですが、駅方面からここまでのルート、けっこうアップダウンがあるんですね。そこは少し気になりましたね。

アサミ　ああ、それなら……大通り沿いに来ると上り坂と下り坂がありますけど、脇に坂のない平坦な駅までの道がありますよ。徒歩や自転車で駅まで向かう際は、そちらの道が楽です。

工務店　そうなんですね。では駅へのアクセスは抜群ですね。オフィス街にも電車で30分程度と利便性にも優れていますし、資料のとおり、ファミリー向けには確かに手頃な土地だと思います。

アサミ　(予想していなかった質問だけど、うまく答えられた!)

家の精　まだまだ気は抜けないぞ。

工務店　あとはそうですね、実際に家を解体し、更地にすることを想定した場合ですが、お庭にある物がいくつか気掛かりではありますね。例えばあちらの木はどうするか……。

アサミ　（きた、予習していた質問！）
あの桜は私の父と母がここに越してくる前からあった、だいぶ古いものみたいで……アパートを建てるとなると、邪魔になりそうですか。

工務店　うーん微妙なところですね。景観という意味ではプラスになりますが、高い建物を建てるとなると、もしかしたら建設の妨げとなるかもしれません。

アサミ　……あのう。これは私個人のお願いなんですが。

工務店　はい、なんでしょう。

アサミ　できれば桜は残してほしいんです。私たち家族が一緒に生活してきた思い出のこの木だけは、いつまでもここにいてほしいんです。

工務店　ええ、そうですよね。私も、自分の立場を取り払って個人的な思いを申し上げますと、売主さんのお気持ちはできる限り汲み取りたいと思っております。

家の精　お、いいところあるじゃん。

工務店　例えば、敷地内へ伸びている側の枝を一部切って、ほかの大部分は残す、という方法も考えられます。木は敷地の隅に立っていますし、道路に面しているところでもあります。木のあたりに何かを建てることはないと思いますので、検討することは十分可能だと思います。

アサミ　ぜひその方向でお願いします！

工務店　ミツウラ様のお気持ち、とても伝わりました。今回頂いたご意見も加味しながら、社内で吟味してまいりますね。

■オークション前夜

それからも何度かの内見を経験しました。終始穏やかムードのところ、いちいち瑕疵《かし》*を突いてくるところ、こちらの意向も汲んでくれるところ、買手候補さんたちの内見の様子と態度は多種多様でした。

そしていよいよ明日からオークションが開始されます。もう私がすることは何もありません。プロの方々、ツクシマスマネジメントさんに任せるだけです。

アサミ　ふう。これで私の仕事も大方終わりかあ。

家の精　オークションで落札した買主との売買取引契約が待っているが、これもほぼプロに任せているし。アサミの山場は越えたな。
アサミ　オークション、どこがいちばん高い額をつけてくれるんだろう。
家の精　いろいろケチつけてきた業者は、高い額では入札しないか、そもそも入札すらしないんじゃないか。いちばん高値つけてくれそうなのは最初に内見に来た工務店かなあ。
アサミ　どこにしても、大事にしてくれるといいわね。この土地を。
家の精　そうだな。
アサミ　私もあと少ししたら引越し。家の精ともいよいよお別れになるのよね。
家の精　……うむ。
アサミ　また、いい人と住めるといいわね。
家の精　次はアパートだからなあ。何軒か回ってみて、いちばん居心地の良い家族にお世話になるかな。
アサミ　いろいろとありがとうね。
家の精　まだまだ、最後まで気は抜けないぜ。俺も最後の最後までフォローするよ。

アサミ　うん。

＊瑕疵とは「欠陥・欠点」といった意味の言葉で、不動産売買における瑕疵は土地や建物になんらかの不具合があり、本来の役割を果たしていない状態を指します。具体的には①雨漏り、②主要な木部の腐食、③シロアリの被害、④給排水管の故障の4つを指すのが一般的であり、一戸建てはすべて当てはまりますが、マンションの場合は②主要な木部の腐食を除いた3つとなります。

買手を知ることが高値売却の第一歩

売却する不動産に建物が建っている場合、買手候補の内見は避けて通れない道です。ストーリーでは、主人公の実家は解体することが前提なので建物内の内見はほとんど行われていませんが、建物を残す場合、建物内のチェックはたいへん手厳しいものとなります。特に相手が個人ではなく業者の場合、売主の妥協を引き出そうと、かなり鋭く細かい指摘をしてくることもあります。

アサミ　私の場合は内見がほとんど土地だけだったから、チクチク細かいところを突かれなくてよかった……。内装も見られていたら、どんだけ胃の痛いことを言われてただろう。

家の精　売主は「なるべくマイナスなところは見せたくない」「いいところだけをアピールしたい」。でも買手は「なるべくマイナスなところを突いて、安く買いたい」。内見ではそんな各々の心理のもと、やり取りが展開されるわけだ。

予算のない買手はいません。ただ、予算内に収めてなおかつ利益を最大幅で出そうと目論んではいます。いくら「喉から手が出るほど欲しい」と感じた物件であっても、予算オーバーになったら購入には踏み切りません。

買手のそのようなスタンスから、「ここの瑕疵については考慮してもらい、安く売ってほしい」という交渉が持ち掛けられることは当然あり得るのです。

一方の売主としては、もし早く売りたいと思っているなら、相手の要求を鵜呑みにしがちです。

しかし、「さっさと買ってもらいたい」と思うがあまり、相手の要求すべてを受け入れる必要はまったくありません。

基本、内見前後の買手候補との交渉は強気であっていいと思います。向こうも商売ですから、「ちょっと安くなればラッキー」程度で値下げ交渉を仕掛けてくることも多々あるので、そこは弱気にならず、譲れないところは「それについては受け入れられません」という姿勢を見せるべきです。「それではこういった案はいかがでしょうか」といった、互いにとっての妥協点を見出せる交渉を進めていくことが望ましいのです。

このように買手の心情や状況も考えつつ、内見や交渉では適切な対応を心掛けましょう。高値での売却を達成するためには、このようなスタンスは欠かせません。

買手の不安を取り除くたった一つの大切なこと

内見の際は「失礼のないようにしなくちゃ」「できるだけいい印象をもってもらうようにしないと」と、売主側は緊張と不安をもって臨みます。繰り返し頭のなかでシミュレーションし、投げ掛けられるかもしれない質問に対して、的確な回答ができるよう準備を重ねます。

一方の買手側も、売主と同じく緊張と不安を抱えながら内見に訪れています。

特に個人の場合、「売主はどんな人柄だろうか」と警戒しています。もし売主が尊大で高圧的な態度をとる人物であったら、「この人からは買いたくない」と思い、いかに欲しい物件であったとしても交渉は暗礁に乗り上げます。

家の精　つまるところ内見者は「感じのいい売主から買いたい」と思っているということだな。

アサミ　不動産そのものはもちろん、売主の対応や人柄も評価につながるのね。

買手は内見の際、不動産とともに売主のことも観察しています。契約条件の内容や取引前後のやり取りで揉めたくはないですから、できるだけ「トラブルが起きなそうな人」から買おうと思っています。ですから、不動産とセットで売主である自分自身も商品の一部であることを念頭において、内見時や具体的な交渉の際は柔和な雰囲気になるよう心掛けてください。

そしてもう一つ、買手の不安を取り除くとても大切な心構えがあります。

それは「隠しごとをしないこと」です。

売主は「物件の悪いところはなるべく隠したい」という感情が先走り、つい見栄を張ってしまったり、嘘に近いその場しのぎの発言をしたりしてしまいがちです。しかし相手が業者であればそういった虚勢は即座に見破られるでしょうし、致命的な瑕疵を把握していながら隠していた場合は大きなトラブルにつながります。売買取引後や契約締結時に判明して揉めてしまったら、売買成立は遅延するかキャンセルになり、最悪賠償問題にも発展し、誰も幸せになれない結末を招いてしまいます。

ですから不動産に関するあらゆること、プラスマイナス含めてすべて開示するくらいの気持ちで内見には臨んでください。「嘘偽りなく、ありのままを伝えよう」と身を引きしめることはしてほしいですが、「あの嘘はバレないでほしい」「なんとか隠し通して内見を終えたい」といった意味合いの緊張は捨てて、隠しごとのいっさいない内見を目指してください。

具体的な例として、「ここは雨漏りで1回修繕しています」「ブレーカーが低容量です」「ここの汚れについては、こちらで対処したほうがいいですか」と、自分から先にきちんと不動産に関する情報を伝えることで、相手との関係を良好に保つことができます。

「この売主は包み隠さず何でも伝えてくれる」と好感を抱いてもらえれば、その後の交渉もスムーズに進めていくことができるでしょう。「この人の不動産なら、多少の気になるところは目を瞑って、高値で買いたい」とまで思ってもらえたら最高です。

家の精　人間ってつい見栄を張りたくなるみたいだけど、その見栄ってのが相手にとっては「嘘」とか「不義理」に思われることも少なくないんだよな。結果、自分にとってマイナスな結果を招くこともある。内見では、自分自身に関することで多少背伸びはしても、不動産に関しては包み隠さず、等身大のままを伝えるようにしたほうがいい！

アサミ　ちょっと戦略的過ぎる気もするけど、大事なことね。

家の精　内見や交渉はあくまでビジネス。高値で売れるよう、やれることはなんでもすべし！

売主は最強の営業マン

前述のとおり「感じのいい売主から不動産を買いたい」と買手は強く思っているわけで

すから、売主は買手候補とのコミュニケーションを大切にしましょう。とりわけ個人の内見の場合は、なおさら重要と思って臨むべきです。

内見は、不動産という自分の商店へ、客を招き入れる意識が重要となります。事前に部屋をきれいにしておきましょう。玄関や庭を少し手入れしておくだけで、内見者の心情はプラスへ動きます。内見の間、相手に親近感をもってもらえるような会話を挟んでいきましょう。近所のお買い得なスーパーや、評判のいい病院など、地元に住む人ならではの情報を伝えることが理想です。家族の話や趣味の話などで盛り上がれたなら最高で、買手は「この人たちから買いたい」という思いを一層強めてくれることでしょう。売主としても「この人に買ってほしい」という思いが強まり、その後の契約もお互いにとって納得のいくかたちで円滑に進めていける材料となります。

商品が売れるか否かは、売手の営業テクニックはもちろんのこと、その商品を誰よりも知っているかや、商品への思い入れも鍵を握っています。

不動産そのものや周辺のことを熟知しているのは売主です。なにより売主は、不動産への思い入れが誰よりも強いことが、売主は最強の営業マンであることを物語っています。

アサミ　買手候補さんとコミュニケーションを取るのが苦手、という人もいるかもしれないけど、高く買ってもらうためには頑張るしかないわね。

家の精　どうしても苦手で無理、という人は仲介業者などに頼むこともできるかもしれないが……不動産のことを誰よりも知っていて、思い入れが強いのは売主だからね。内見時はできる限りのコミュニケーションを心掛けたいな。

［第5章］

不動産売買は新しい時代へ

別れ

■売却が終わって

あれから数カ月が経ち……今日、無事に買主さんへの明け渡しが完了しました。

オークションは滞りなく進み、弁護士さん立ち会いのもと最終的な売却価格が決まりました。不動産売買契約書もプロの方が完璧なものを仕上げてくれ、私たち売主もそして買主さんも、不満のない内容で締結することができました。

売却価格についても、兄と私の期待していた以上の値がつきました。落札したのは最初に内見に来た工務店さん。仲介業者を介さなかったことで、理想的な土地をリーズナブルな価格で手に入れることができたと大喜び、家の精もいちばん土地を大切にしてくれそうなところに渡って一安心といった様子でした。

そして明け渡しが終わった今、もうここは私たちの家ではありません。今日限りでこの家、この土地とも、そして家の精ともお別れすることになります。

がらんとしたリビングで、私と兄は庭の桜を眺めていました。

アサミ　ちゃんと想定以上に売れて、私が言ったとおりでしょ。

兄　ああ、ご苦労だったな。

アサミ　それで、借金のほうも大丈夫そうなの。

兄　ああ、売却金が振り込まれたら、すぐ返済だ。家族を路頭に迷わさずに済むよ。

アサミ　よかったわね……。今日でこの家ともお別れね。

兄　ああ。名残惜しいがな。

アサミ　本当に？　父さんが亡くなって相続してすぐに売る話を持ち込んできたくせに。

兄　あれは資金繰りに苦労していたからであって……。本音を言えば、ここは残しておきたかったよ。たくさんの思い出が詰まっているから。

アサミ　そうね。でも私だけが住むには広過ぎるし、いつかは手放さないといけない日が来るのかもな、とは思ってた。きっとこれで良かったのよね。新しい家が建って、新しい家族が住んだほうが、この土地も喜んでくれるわ。

兄　リアリストのお前の言葉とは思えないな。

アサミ　私もここ数カ月でいろいろ考えが変わったのよ。

兄　ふふ、そういうものか。俺はそろそろ仕事に戻るよ。

アサミ　うん。最後の確認をしたら私も出るわ。

兄　じゃあな。

アサミ　うん、また。

兄　……あと、いろいろありがとうな。感謝しているよ。売却のことだけでなく、母さんや父さんの面倒を見てくれたことも。本当に。

アサミ　……うん。

■さようなら

アサミ　おーい、どこにいるのー、出て来ーい。

家の精　ん、ああ寝てたわ。終わったか明け渡し。

アサミ　うん。無事にね。

家の精　これでもうここは完全にミツウラ家のもんではなくなったな。なんやかんやで50年くらいいか。長いことお世話になったわ、この家には。

アサミ　あと少ししたら取り壊されるんだね。私ももう、この家とさよなら。

家の精　寂しいのか。

アサミ　寂しい気持ち、うれしい気持ち、半分ずつかな。ここに一人で住んでた時間のほうが寂しかったと思う。私一人が住むよりは、たくさんの家族が住んでいるほうが、この土地にとってもうれしいのかなって。そうでしょ?

家の精　んまあ、ここ最近は静かだったよな。仲のいい夫婦が引っ越して来て、子どもたちが生まれて一気ににぎやかになったけど、いつしか子どもたちも出て行って。しばらく穏やかな時間がきたら、いよいよ人間の寿命ってやつが近づいて。

アサミ　うん。

家の精　アサミが戻って来た頃は、苦労の時期だったな。母さん、父さんと立て続けに世話する必要が出ちゃって。仕事と介護の両立っていうのかな。大変だな、と見ていて思ってたよ。

アサミ　でも、母さんと父さんも私のことを気遣ってくれて。私としては苦労することもそりゃあったけど、最後の最後まで一緒の時間を過ごせてよかったわ。

家の精　また工事が始まったら騒がしいだろうが。隅っこで寝っ転がって工事を見守ってるよ。

アサミ　うん。アドバイスいろいろありがとう。

家の精　うむ。ああそうだ、最後に一つだけ言っておく。

アサミ　何？

家の精　初めて俺が姿を見せたとき、俺は家に住まう精霊みたいなもんだ、って言ったな。

アサミ　うん。

家の精　本当の正体はな。あれなんだよ。

アサミ　あれって……庭の木？

家の精　ああ。あの木の分身っていうのかな。

アサミ　ふーん。

家の精　ふーん、て！

アサミ　だって結局精霊みたいなもんでしょ。家か木かの違いってだけで。

家の精　そ、そのとおりだが……。まあでもな、あの木があったからこそ、ミツウラ家は大きな不幸を背負うことなく、安泰に暮らせて、母さん父さんは安穏な老後を過ごせたんだぞ。

アサミ　そうなんだ……あれ？　内見のとき、庭の木を私がなるべく撤去してほしくないって言ったら、「甘いなぁ」って言ってなかったっけ。

家の精　言ったな。

アサミ　木が撤去されたら、あなたもいなくなるんじゃ？

家の精　たぶんそうだろうな。ま、それはそれでいいんじゃないかなと思ってな。またどこかの木の精霊として生まれ変わるだけだろうから。

アサミ　だめよ。これからもここに居座って、住む人たちの幸せを叶えてもらわないと。頼んだわよ。

家の精　へいへい。それじゃあそろそろお別れだ。

アサミ　うん。それじゃあ行くわね。

家の精　ああ。その前に、ここ数カ月の俺との記憶、すべて消させてもらうぞ。

アサミ　……はい？

家の精　俺の存在はすべて忘れてもらって、アサミ一人の力で不動産を売却した、っていう記憶に塗り替えさせてもらう。まあそういうことだから、よろしくな。

アサミ　ちょ、ちょっと待ってよ。私、あなたのことを忘れちゃうの？　待ってよ
……！

家の精　まあこういう湿っぽいの苦手だからさくっとやらせてもらうぞ。せい
やっ！

おわりに

私は「はじめに」で次のように言いました。

「これからの時代に合った最良の不動産売却方法を探っていきます」

その答えが、本書のストーリーと解説を通して、お分かりいただけたことと思います。

どんな商売も時代のイノベーションによって一変していきます。不動産取引も例外ではなく、一昔前は「それが当たり前」といわれていた方法が古いものとなり、これまでにないまったく新しい方法が提案されています。情報社会が発展を続けている今はその過渡期といえるでしょう。

しかし、情報が次から次へと溢れてくる社会ゆえに、正しい情報、本当に皆さんにとって有益な情報が、埋もれやすく見つけにくい時代にもなってしまいました。

顧客を「カモ」としか思っていない商売もまだまだ存在します。複雑で理解しがたいシステムも多く存在します。

だからこそ、私はこの一冊を書き上げました。現代の不動産業界の闇と問題点を指摘するとともに、新時代の最良の不動産売却方法、ことに不動産売却計画書とオークションについて、分かりやすさを重視して説明しました。

ストーリーでは、登場してきた売主そして買主、さらには取引に携わった人たち、誰もが笑顔になれるすばらしい不動産取引を成し遂げることができました。このような理想的な取引に近づけるよう懸命に考え動いていくことが、不動産取引に携わる人間たちの使命であると私は考えています。

今後も私たちは、顧客の立場に立ち、誰もが笑顔になれる、クリーンで未来が明るくなるサービスを提供し続けていきます。

「プランを念入りに練り、プランどおりに進められたことで、希望以上の満足な価格で、不動産を大切にしてくれる理想の方へ売ることができた」

顧客の皆さんにそう思っていただけるよう、これからもサービスに磨きをかけていきます。もしご興味がありましたら、当社のオークションプラットフォームにも、ぜひ一度触れてみてください。

この本をきっかけに、あなたが新しいかたちの不動産売却に挑戦し、希望以上の価格での売却が叶うことを願って、本書の結びといたします。ありがとうございました。

【著者】
露木裕良（つゆき ひろよし）

一般社団法人「不動産売却支援ネット」理事長
「不動産高く売りたい.com」サイト運営
神奈川県出身。1985年大学卒業後、ハウスメーカーの現場監督として就職。1989年建設業を起業。独立以後、木造住宅、分譲住宅、店舗、造成土木工事、アパート、マンションなど2000棟以上を建築し、住宅に係るすべての事業を経験。2004年より「新築大家さん」を開始。著書に『不動産を「高く売る」ために知っておきたい大切なこと』（現代書林）、共著書に『不動産投資は儲からない』（ジュリアン）がある。

【監修】
池野浩二（いけの こうじ）

藤和コーポレーション株式会社　代表取締役

不動産のオークションジャパン
http://fudosan-japanauction.jp/seller

ストーリーで分かる
オークションで不動産を高く売る方法

二〇二二年四月二七日　第一刷発行

著　者　露木裕良
発行人　久保田貴幸
発行元　株式会社 幻冬舎メディアコンサルティング
〒一五一-〇〇五一　東京都渋谷区千駄ヶ谷四-九-七
電話　〇三-五四一一-六四四〇（編集）
発売元　株式会社 幻冬舎
〒一五一-〇〇五一　東京都渋谷区千駄ヶ谷四-九-七
電話　〇三-五四一一-六二二二（営業）
印刷・製本　中央精版印刷株式会社
装　丁　株式会社 幻冬舎デザインプロ

検印廃止

Printed in Japan　ISBN 978-4-344-93126-8 C0033
幻冬舎メディアコンサルティングHP　http://www.gentosha-mc.com/